Esa Horrible Geografía

ESOS VIOLENTOS VOLCANES

Ilustrado por
Martin Aston

EDITORIAL MOLINO

Título original: *Violent Volcanoes*
Publicado por primera vez en el Reino Unido
por Scholastic Publications Ltd. en 1999
Traducción: Conchita Peraire del Molino
Copyright del texto © Anita Ganeri, 1999
Copyright de las ilustraciones © Mike Phillips, 1999
Copyright de las ilustraciones de la cubierta © Martin Aston, 1999

Copyright © EDITORIAL MOLINO 1999
de la edición en lengua castellana

Publicado en lengua castellana por
EDITORIAL MOLINO
Calabria 166, 08015 Barcelona
Dep. Legal: B. 35.061/99
ISBN: 84-272-2151-7

Impreso en España   Printed in Spain

LIMPERGRAF, S. L. — Mogoda, 29-31 — Barberà del Vallès (Barcelona)

SUMARIO

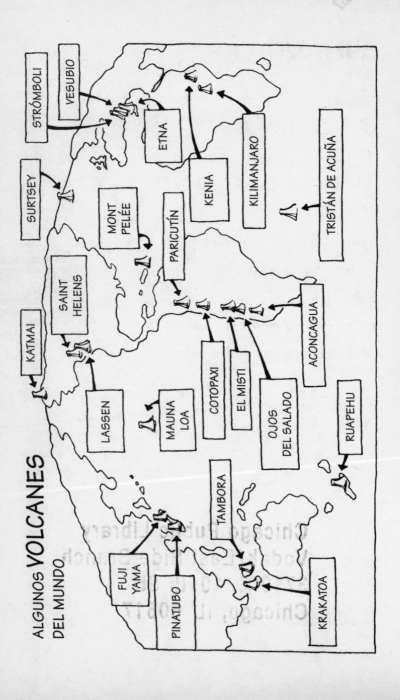

ALGUNOS **VOLCANES** DEL MUNDO

STRÓMBOLI
VESUBIO
SURTSEY
KATMAI
SAINT HELENS
LASSEN
MAUNA LOA
FUJI YAMA
PINATUBO
TAMBORA
KRAKATOA
MONT PELÉE
PARICUTÍN
COTOPAXI
EL MISTI
OJOS DEL SALADO
ACONCAGUA
RUAPEHU
ETNA
KENIA
KILIMANJARO
TRISTÁN DE ACUÑA

INTRODUCCIÓN

La Geografía puede resultar muy aburrida. Quiero decir que a quién diablos le interesan los mapas antiguos, las rocas milenarias y lo que los antiguos campesinos cultivaban en sus campos.

NO OS OLVIDÉIS DE VUESTRO TRABAJO DE GEOGRAFÍA.

¡CON ESTO NO SÉ COMO SUBIRÉ AL AUTOBÚS!

Lo mejor de la geografía son los detalles horribles, los que los profesores pasan por alto. Prueba este simple experimento: ponte a dar saltos en el mismo lugar.

ES UN EXPERIMENTO QUE, SEGÚN CREO, TIENE QUE VER CON LOS VOLCANES.

PARECE A PUNTO DE ESTALLAR

La Tierra en que vives puede parecerte tan sólida y aburrida como un buen peñazo, pero ahí debajo es muy caliente y peligrosa. Rocas al rojo vivo y gases mortales arden bajo tus pies, hasta que un día no pueden resistir la presión y emergen a la superficie con un estallido. Así es como se forman esos violentos volcanes, una de las cosas más horribles e interesantes de la geografía. (Tal vez has observado los mismos efectos en tu profesor de geografía, aunque en menor escala.)

Y de esto trata este libro. Más poderoso que una bomba atómica, más ardiente que el horno más caliente, más temperamental que tu hermanito pequeño, cuando un volcán entra en erupción es brillante, turbador y un tópico al rojo vivo y, por supuesto, ¡nada aburrido! En *Esos violentos volcanes*, puedes...

- Contemplar un volcán en erupción (a una distancia prudencial).

- Descubrir por qué los volcanes huelen a huevos podridos.
- Aprender a localizar un volcán activo.
- Entrenarte para ser un vulcanólogo.

Y si todo falla, averigua a qué santo puedes encomendarte si necesitas que te salve de un río de lava mortal. Ésta es una geografía como no la ha habido nunca. Y es horriblemente impactante.

El día en que la montaña se abrió

Era el 18 de mayo de 1980. Un amanecer claro y radiante sobre las montañas Cascade del estado de Washington, EE.UU. Desde hacía muchos meses, el peligroso pico del monte Saint Helens había sido sacudido por una serie de terremotos. Humo y cenizas surgidas de cientos de explosiones menores habían cubierto la montaña helada de una fea capa negra. Durante semanas, los científicos habían observado un enorme bulto que iba creciendo en una ladera del volcán, señal inequívoca de que el magma de las profundidades de la tierra iniciaba su viaje al exterior.

BULTO
INQUIETANTE

Mientras lo contemplaban, el bulto no cesaba de crecer implacablemente debido a la intensa presión de los gases y magma del interior de la montaña. Seguro que algo iba a suceder. El monte Saint Helens, un volcán dormido, no había entrado en erupción desde hacía 123 años. El gigante dormido empezaba a desperezarse. Para quienes lo contemplaban, parecía casi imposible que una montaña tan bella como ésta pudiera ser una asesina violenta. Pero entonces ocurrió lo impensable.

A las 8.32 de la mañana, dos científicos sobrevolaban la montaña. Mientras se aproximaban a la cima, todo parecía en calma. Segundos más tarde, la montaña se estremeció con un terrible temblor de tierra, lanzando una avalancha masiva de hielo y rocas. Ante sus ojos toda la vertiente norte de la montaña se vino abajo y comenzó a descender por la ladera a toda velocidad. Lo peor estaba por venir. El desprendimiento de tierras liberó la inmensa presión que se había formado dentro de la montaña. De repente, el bulto se abrió y lanzó una densa nube negra de gas ardiente, cenizas y rocas a varios kilómetros de altitud. La cima del Santa Elena quedó completamente destruida.

Los científicos tenían que actuar con rapidez: la nube explosiva estaba a punto de alcanzarlos. Su avioneta hizo un giro hacia el sur para ponerse a salvo. La nube empezaba a extenderse hacia el este, norte y noroeste a una velocidad que hubiera podido atraparlos. El dirigirse hacia el sur fue su salvación, pues de haber tomado cualquier otra dirección hubiera significado una muerte segura.

Tras ellos el cielo se tornó negro como la noche. Densas nubes de cenizas caían del cielo como lluvia negra y relámpagos deslumbrantes destellaban en el cielo. Durante las nueve horas siguientes la montaña continuó en erupción; los espectadores creían haber vislumbrado el infierno. Por la tarde, las peores explosiones habían cesado, pero el volcán siguió lanzando lava durante cuatro días más. Luego, por fin, guardó silencio.

Una semana más tarde hubo otra gran erupción seguida de otras menores, pero se había agotado su fuerza inicial. El monte Saint Helens había destruido su cima. Las cosas ya no volverían a ser nunca como antes.

Diez datos estremecedores del monte Saint Helens

1 Antes de la erupción de 1980, la montaña alcanzaba los 2950 m de altitud. La erupción destruyó 400 m de la cima que cayeron por las laderas convertidos en 8000 millones de toneladas de roca. Son muchas rocas.

 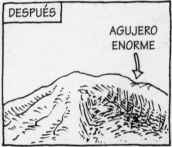

2 El terreno que rodeaba la montaña había sido parque nacional, muy popular entre los pescadores de río, excursionistas y paseantes. Todo esto cambió radicalmente el 18 de mayo en un tiempo entre cinco y diez minutos.

La abrasadora nube de la explosión, cargada de gas ardiente, cenizas y rocas, arrasó el terreno a su paso. En lugar de espesos bosques llenos de verdor y lagos azules de agua transparente, quedó un desierto estéril de cenizas grises. La nube fue tan poderosa que arrancó de cuajo los árboles en diez kilómetros a la redonda. Como informó un piloto que sobrevolaba la zona, parecía como si...

El calor de la nube era tan increíble (entre 100 y 300 °C) que hizo hervir la sabia dentro de los árboles. ¡Uau!

3 El calor de la nube de la explosión también derritió los glaciares de la cima. Las cenizas y el agua derretida descendieron por las laderas en forma de espesas riadas de barro. Una de ellas hizo desbordar el río Toutle, llevándose por delante gente, casas, puentes y cientos de troncos de un almacén de maderas. Otra, hizo no navegable el río Columbia durante varios meses. Los peces no soportaban la elevada temperatura del agua y se les veía saltar en busca de frescor.

4 Un ramal de la asombrosa avalancha de hielo y rocas llegó al cercano lago Spirit y levantó olas de más de 200 m de altura (diez veces la altura de una casa), pero en su mayoría fueron a parar al río Toutle a velocidades de 100-200 km/hora. Fue una de las mayores avalanchas habidas jamás.

5 La nube expansiva de cenizas, polvo y gas alcanzó 19 km de altura. A los dos días había llegado a Nueva York, atravesando EE.UU. A las dos semanas había dado la vuelta al mundo. La ceniza caía como nieve en ciudades y campos a 500 km de distancia del volcán, convirtiendo el día en noche. Las carreteras y aeropuertos quedaron cerrados. En la ciudad de Yakima, a 150 km de distancia, el sistema de alcantarillado se llenó de ceniza y dejó de funcionar.

6 El monte Saint Helens había comenzado a retumbar dos meses antes de entrar en erupción. Las señales de alerta consistieron en más de 1500 pequeños terremotos que cuartearon los glaciares de la cima, seguido de frecuentes chorros de vapor y ceniza. Entretanto, la protuberancia de la ladera crecía a razón de dos metros por día. Todo indicaba una erupción violenta. Pero, cuando llegó, la repentina y potente fuerza expansiva de la explosión cogió a todos por sorpresa.

7 Antes de la erupción principal, cientos de vulcanólogos habían acudido a presenciar el espectáculo. Surgieron puestos de recuerdos en las inmediaciones donde se vendían desde camisetas con dibujos de la montaña, jarras y pósters hasta muestras de ceniza. ¡El 31 de marzo, unos publicistas habían subido en helicóptero hasta la cima para filmar un anuncio de cerveza! Aún en nuestros días puedes comprar adornos de cristal para el árbol de Navidad hechos con ceniza de aquel funesto día.

8 Los científicos acordonaron siete km de «zona de peligro» alrededor de la montaña para proteger al visitante, pero no la distanciaron lo suficiente. De las 57 personas que murieron aquel día, todas menos tres estaban en el exterior de la zona. Entre los muertos se incluían excursionistas, espectadores y científicos. Un científico fue engullido por la nube expansiva y se asfixió mientras la observaba a nueve km de distancia. No hubieron más muertes porque el volcán entró en erupción muy temprano y era domingo.

9 Por increíble que parezca, aunque fue una erupción violentísima, la montaña pareció partirse en dos sin hacer apenas ruido. La explosión ocurrió tan de repente que los sonidos se alejaron muy rápidamente.

10 La erupción reemplazó su cima cónica cubierta de nieve por un cráter en forma de herradura, pero en el interior de cráter se está formando una nueva cumbre. Ahora ya es tan alta como un edificio de 80 pisos. Un día llenará la montaña y volverá a entrar en erupción. La pregunta que nos tiene sobre ascuas es, ¿cuándo?

NUEVA CIMA DEL BRASERO

Si comparas la erupción del monte Saint Helens con las ocurridas desde que la Tierra es Tierra, verás que no fue demasiado potente. Una erupción cinco veces mayor tuvo lugar en el Yellowstone Park de EE.UU. Cuando las rocas y ceniza se asentaron, cubrieron un tercio de Estados Unidos, pero eso ocurrió hace dos millones de años, de modo que tal vez consideres que no cuenta.

Así que, ¿cómo dieron con el nombre de *volcán* para describir una montaña ardiente que llega a estallar? Bien, por el mundo circulan distintas historias para explicar la causa que origina los volcanes, pero el responsable de su nombre actual fueron los antiguos romanos y su dios del fuego de temperamento fogoso: Vulcano.

Según la leyenda, Vulcano vivía en la isla de Vulcano, en el interior de una montaña ardiente.

Todas las chispas, ascuas y ruidos internos eran producidos por las frenéticas actividades de Vulcano. Era el herrero de los dioses y fabricaba armas para Marte.

Armaduras para Hércules.

13

Y rayos y relámpagos para Júpiter.

Pero Vulcano también utilizaba sus habilidades para otras cosas. Sin ninguna buena razón, Vulcano elegía un pueblo y aterrorizaba a sus habitantes con fuego, nubes de ceniza, ríos de lava y explosiones.

De modo que, Vulcano era un dios temido por los romanos y su nombre ha quedado para designar a esos violentos volcanes.

¿Qué diantres son los volcanes?

Pregunta a cualquiera lo que opina de los volcanes y la mayoría te describirán una montaña en forma de cono que echa humo suavemente. Pero los volcanes no siempre son así. Los volcanes son todos distintos y horribles. Algunos escupen fuego, otros nubes de vapor, gas y ceniza. Otros estallan con estrépito y otros apenas emiten un ruido silbante. Unos son planos, otros redondos y otros se hallan en el fondo del mar.

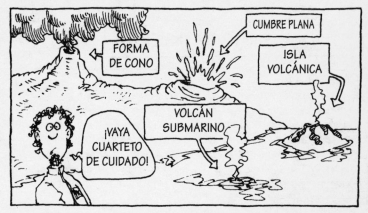

Lo mejor que puede decirse de ellos es que todos los volcanes producen lava roja y ardiente (roca líquida fundida) que procede de las profundidades de la Tierra. Cuando estalla o sale a través de una grieta del suelo, sabes que se trata de un volcán.

¿Cómo diantres se forman los volcanes?

Para averiguarlo, necesitarás un planeta Tierra (en buen estado) con un buen corte. La Tierra parece roca sólida, tiene el tacto de roca sólida y, en muchos puntos, es roca sólida, pero no toda ella. La Tierra está formada por capas, algo así como una cebolla grande, muy grande.

Esas capas tú no puedes verlas (ni siquiera tu sabihondo profesor de geografía), pero estos dibujos te darán una idea de cómo son.

TIERRA: HISTORIA INTERNA

CAPA 1: LA CORTEZA

ÉSTA ES LA PARTE DONDE TÚ SALTAS ARRIBA Y ABAJO. LA CAPA EXTERIOR DE LA TIERRA ES COMO LA CORTEZA DE UNA HOGAZA DE PAN. ES DE ROCA TERRIBLEMENTE DURA. EN TIERRA ESTÁ CUBIERTA DE ARENA, HIERBA, VACAS, LO QUE QUIERAS. DEBAJO DEL MAR ESTÁ CUBIERTA DE... BUENO, DE AGUA. ES DELGADÍSIMA (GEOGRÁFICAMENTE HABLANDO) UNOS 40 KM EN TIERRA Y TAN SÓLO DE 6 A 10 KM EN EL FONDO MARINO. (PERO ES MUY DURA, DE MODO QUE NO TE PUEDES CAER Y ATRAVESARLA.)

CAPA 2: MANTO

LA CAPA SIGUIENTE SE LLAMA MANTO. AQUÍ LAS ROCAS ESTÁN TAN CALIENTES QUE SE HAN DERRETIDO PARCIALMENTE HASTA CONVERTIRSE EN ROCA LÍQUIDA: EL LLAMADO MAGMA. ES DENSO Y PEGAJOSO COMO LA MELAZA, Y BURBUJEA A UNOS ACHICHARRANTES 1980°C. ESO ES CALOR, TENIENDO EN CUENTA QUE EL AGUA HIERVE A 100°C Y LA MÁXIMA TEMPERATURA DENTRO DE UN HORNO CASERO ES DE 250°C. EL PODEROSO MANTO TIENE UNOS 2900 KM DE ESPESOR Y NO TIENE NADA QUE VER CON EL CALOR DE TU CHIMENEA.

¿SOY YO O ES QUE AQUÍ HACE CALOR?

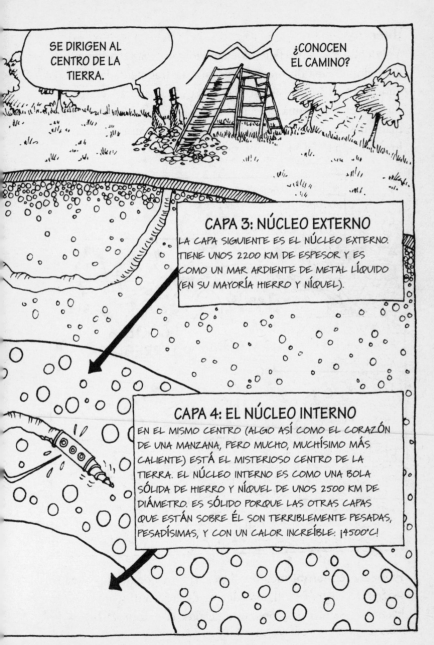

SE DIRIGEN AL CENTRO DE LA TIERRA.

¿CONOCEN EL CAMINO?

CAPA 3: NÚCLEO EXTERNO

LA CAPA SIGUIENTE ES EL NÚCLEO EXTERNO. TIENE UNOS 2200 KM DE ESPESOR Y ES COMO UN MAR ARDIENTE DE METAL LÍQUIDO (EN SU MAYORÍA HIERRO Y NÍQUEL).

CAPA 4: EL NÚCLEO INTERNO

EN EL MISMO CENTRO (ALGO ASÍ COMO EL CORAZÓN DE UNA MANZANA, PERO MUCHO, MUCHÍSIMO MÁS CALIENTE) ESTÁ EL MISTERIOSO CENTRO DE LA TIERRA. EL NÚCLEO INTERNO ES COMO UNA BOLA SÓLIDA DE HIERRO Y NÍQUEL DE UNOS 2500 KM DE DIÁMETRO. ES SÓLIDO PORQUE LAS OTRAS CAPAS QUE ESTÁN SOBRE ÉL SON TERRIBLEMENTE PESADAS, PESADÍSIMAS, Y CON UN CALOR INCREÍBLE: ¡4500°C!

¡Increíble!

Volviendo a la superficie, la cuarteada corteza terrestre no es una simple capa de roca; de hecho está fragmentada en siete enormes (y 12 menos enormes) trozos llamados placas tectónicas. Son como una especie de losas de un pavimento de tamaño descomunal. Los trozos de corteza flotan o derivan sobre el magma del manto interior. Así es como ocurre:

4 ESTOS MOVIMIENTOS TURBULENTOS (LLAMADOS CORRIENTES A LA DERIVA) MANTIENEN AL MAGMA EN MOVIMIENTO Y LOS TROZOS DE CORTEZA SON EMPUJADOS, DESPLAZADOS, ARRASTRADOS Y EMBESTIDOS.

3 CERCA DE LA SUPERFICIE, SE ENFRÍA, SE HACE MÁS PESADO Y LUEGO SE HUNDE.

MAGMA

CORTEZA TERRESTRE

2 AL CALENTARSE, SE HACE MÁS LIGERO Y SE ELEVA.

MANTO

1 EL CALOR DEL NÚCLEO DE LA TIERRA HACE QUE EL MAGMA SUBA.

NÚCLEO EXTERNO

NÚCLEO INTERNO

PD. Para ser horriblemente técnicos, la forma de moverse de los trozos de corteza se llama «deriva de los continentes», pero los detalles aburridos como éste déjalos para tu profesor.

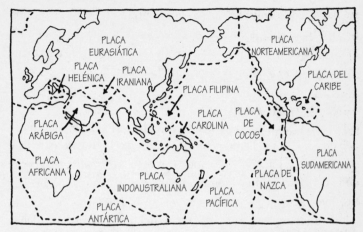

Zonas peligrosas

Normalmente, la deriva continental se produce sin que apenas te des cuenta, pero, de vez en cuando, tanto empujón y arrastre se cobra su precio. Al fin y al cabo, la presión que una placa puede soportar tiene su límite. La corteza en los bordes de las placas se va adelgazando y se hace cada vez más débil. Y ahí es donde nacen los volcanes. Hay dos puntos donde la corteza se hace particularmente débil y quebradiza:

1 *Se extienden por el fondo del mar*
En algunos lugares, dos placas se van separando hasta que al fin...
¡CRAAAAC! El magma hirviente sale por la grieta, da con el agua fría del mar y forma largas cadenas de volcanes submarinos.

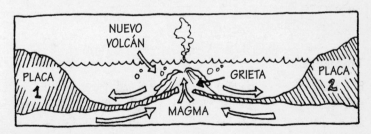

La mayoría de volcanes submarinos entran en erupción a tanta profundidad que (a menos que seas una especie de pez de las profundidades) ni se les nota. Tienden a escupir lava suavemente en vez de estallar con estrépito. ¡Qué detalle!

2 *Lo que ocurre debajo*

En otros lugares, dos placas chocan entre sí, y una es arrastrada debajo de la otra. En la profundidad de la Tierra, se derrite y se convierte en magma que luego emerge a través de las grietas de la corteza y entonces entra en erupción como un volcán. Estos volcanes violentos suelen tener lugar a lo largo de la costa donde un trozo de corteza del fondo del mar es arrastrada debajo de un trozo de corteza terrestre.

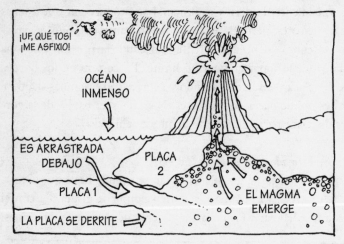

Puntos calientes

Un tercer tipo de volcán no tiene nada que ver con la deriva de los continentes. Se llama volcán de punto caliente. Para localizar un punto caliente, es necesario mirar el lugar por donde un chorro de magma emerge desde el manto y perfora la corteza para formar un volcán. Durante miles de millones de años el punto caliente permanece, pero la placa tectónica de la superficie se desplaza lentamente hasta taparlo. Mientras esto ocurre, el viejo volcán muere, pero perfora nuevos agujeros para formar otros nuevos. Despacio, la verdad, despacísimo, por espacio de millones y millones de años, se va formando una cadena de volcanes. Así es cómo las islas volcánicas del exótico Hawai cobraron vida en el océano Pacífico.

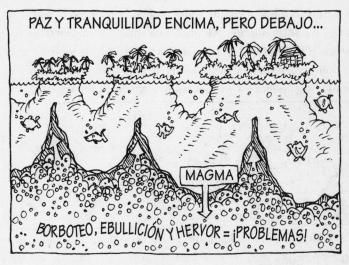

PAZ Y TRANQUILIDAD ENCIMA, PERO DEBAJO...

MAGMA

BORBOTEO, EBULLICIÓN Y HERVOR = ¡PROBLEMAS!

Dato escalofriante
Y como si no hubiera bastante con los volcanes violentos de la Tierra, ¿qué me dices de los volcanes del espacio exterior? La mayoría hace mucho que se extinguieron, aunque no todos. En la última cuenta había 1728 volcanes activos en el violento planeta Venus (precisamente 228 más que en la Tierra) e incluso más en Io, una de las lunas de Júpiter. Escupen penachos de gases sulfurosos (dióxido de azufre) apestosos a 300 km de altura. Nadie ha logrado escupir tan alto.

Bellas durmientes

Pero no te dejes engañar. Una cosa que has de tener en cuenta respecto a los volcanes es que no puedes confiar en ellos ni un tanto así. Los volcanes son impredecibles. Oficialmente, los volcanes pasan por tres fases, aunque no necesariamente en el siguiente orden. Son:

1 Activo Un volcán que ahora está en erupción o lo ha estado en el pasado reciente. Algunos volcanes son más activos que otros. ¡QUE NO CUNDA EL PÁNICO! El último volcán en la Península Ibérica dejó de ser activo hace 50 millones de años. Ni siquiera los profesores más viejos lo recuerdan.

2 Dormido Un volcán que ahora no está en erupción, pero que probablemente lo estará en el futuro. Dormido equivale a estar en reposo. Eso no significa que no sea peligroso. Un volcán dormido puede reposar durante semanas, meses, años, incluso siglos, pero de repente despierta. Y, en general, cuando más tiempo duerme, más fuerte es la explosión después.

3 Extinguido Un volcán que ha dejado de estar activo y no es probable que vuelva a estarlo. Es un volcán muerto probablemente, pero un volcán es peligroso incluso muerto. Tomemos como ejemplo Tristán de Acuña, una isla volcánica al sur del océano Atlántico. Todo el mundo lo creía extinguido desde hacía mucho tiempo, hasta que un día de octubre de 1961 saltó la tapa. Para escapar, los 280 isleños se hicieron a la mar en sus botes. Tardaron dos largos años en poder regresar a sus hogares.

Pon a prueba a tu profesor

¿Cuántos volcanes violentos hay en la Tierra? ¿Cuál ha sido el mayor de todos los tiempos? ¿Dónde entran en erupción más volcanes? Dispara este cuestionario para averiguarlo.

1 En la Tierra hay unos 1500 volcanes activos.
VERDADERO/FALSO.

2 La mayoría entran en erupción en el mar.
VERDADERO/FALSO.

3 El volcán más activo es el Tristán de Acuña.
VERDADERO/FALSO.

4 El mayor volcán activo de la Tierra es el Everest.
VERDADERO/FALSO.

5 El volcán más grande conocido en el universo es el Olympus, en Marte. VERDADERO/FALSO.

6 La erupción de 1980 del Saint Helens causó la mayor mortandad conocida. VERDADERO/FALSO.

7 En 1883, el Krakatoa, en Indonesia, estalló con el mayor estrépito jamás oído. VERDADERO/FALSO.

8 Los volcanes pueden llegar a ser tan violentos como una bomba atómica. Producen la misma cantidad de energía. VERDADERO/FALSO.

9 Si quieres ver un volcán, ve a Indonesia. Es el lugar donde ahora hay más volcanes violentos en la Tierra. VERDADERO/FALSO.

10 Todos los volcanes tienen millones de años. VERDADERO/FALSO.

Respuestas:

1 VERDADERO. Y cerca de 50 de ellos entran en erupción cada año. Más de la mitad yacen enclaustrados en el «Círculo de Fuego» que rodea el océano Pacífico. Allí, el fondo del mar se hunde debajo de la costa.

2 VERDADERO. Sólo un tercio de todos los volcanes activos entran en erupción en tierra. El resto se hallan escondidos bajo el agua, junto con millones de otros volcanes dormidos o extinguidos. Algunas veces los volcanes sumergidos crecen tanto que sus cumbres asoman por encima de las olas y forman islas.

3 FALSO. Kilauea, Hawai, es mucho más activo que ése. Ha estado en erupción sin parar desde 1983 y tiene varios cráteres, no sólo uno. El que entró en erupción en 1983 se llama Pu'u O'o. Desde que comenzaron las erupciones, la isla de Hawai ha ganado 1,5 km² de tierra nueva (que viene a ser lo mismo que 200 campos de fútbol).

4 FALSO. El récord lo tiene el Mauna Loa, en Hawai. Mide 120 km de ancho y se eleva 9000 metros sobre el fondo del océano y emerge como una isla asombrosa. El Everest sólo tiene 8848 m de altitud. Y ni siquiera es un volcán.

5 VERDADERO. El monte Olympus alcanza 27 km de altitud, tres veces más que el Mauna Loa (ver más arriba) y tiene un diámetro increíble: 650 km. El cráter de su cima es tan grande como una metrópolis. Este voluminoso volcán entró en erupción por última vez hace 200 millones de años y ahora está extinguido (por suerte para los marcianos).

COMEREMOS MÁS TARDE, EL VOLCÁN SE HA VUELTO A APAGAR.

6 FALSO. La peor erupción de tiempos recientes ha sido la del Tambora, Indonesia, en 1815. Arrojó más de 100 km² de ceniza y redujo la isla en más de un kilómetro. Murieron 92.000 personas. Esta erupción fue 100 veces más violenta que la del Saint Helens.

7 VERDADERO. Esta terrible explosión pudo oírse en Australia, a 4800 km. Los testigos dijeron que sonó como un fuerte cañonazo. Y el temblor de tierra también se percibió en California, a 14.500 km.

8 FALSO. La energía producida por el Saint Helens en 1980 fue igual a 2500 bombas atómicas, no una. La verdad es que produjo una energía extraordinaria.

9 VERDADERO. Indonesia tiene una buena parte de volcanes activos, unos 125 en total. Eso se debe a que se asienta sobre los bordes de distintas placas de la corteza terrestre y está en el Círculo de Fuego. Le sigue Japón, y EE.UU. ocupa el tercer lugar.

10 FALSO. Es cierto que algunos volcanes son viejísimos (un volcán de un millón de años es todavía un crío), pero hay por ahí algunos muy jóvenes. El volcán más joven en tierra es el Paricutín, en México, que entró en erupción en 1943. Un auténtico bebé en términos volcánicos. Por extraño que parezca, un campesino mexicano presenció el nacimiento del Paricutín. Ahora te enterarás de algo que no se ve cada día. Esto es lo que ocurrió:

El volcán que creció en un campo

La mañana del 20 de febrero de 1943, el granjero Dionisio Pulido araba su campo en el pueblo de Paricutín, México...

De repente la tierra empezó a temblar y se abrió una enorme grieta...

Alrededor de la grieta el suelo empezó a levantarse y ondularse. Por la abertura salía una nube sibilante...

¡BUUUM!

¡

¡AYYYYY!

El granjero oyó un ruido como un trueno y el suelo se calentó bajo sus pies.

... de humo, fuego, ceniza y gas.

El granjero aterrorizado montó en su caballo y galopó en busca de cobijo.

¡MÁS DEPRISA!

La grieta se convirtió en un agujero enorme del que salían disparadas por el aire rocas, cenizas y ascuas. La luz de los relámpagos iluminaba el cielo. Cada pocos minutos la tierra temblaba.

AL DÍA SIGUIENTE

AL FINAL DE LA SEMANA

Durante la noche, el volcán continuó en erupción y su cono cobró cierta altura. Y siguió creciendo cada hora...

El cono había alcanzado una altura de 150 m y no dejaba de arrojar bolas de fuego al aire. Dionisio recogió sus cosas mientras la lava destruía su pueblo.

OCHO MESES DESPUÉS

El cono del Paricutín ya tenía una altura de 270 m. Hacía honor a su nombre: el Monstruo. A los lados del Monstruo iban apareciendo monstruos más pequeños.

NUEVE AÑOS Y CUARENTA Y DOS DÍAS DESPUÉS

El Paricutín dejó de estar en erupción tan de repente como empezó. Ahora tiene 450 m de altura y ha enterrado varios pueblos más, cientos de casas y cubierto las granjas de ceniza. Allí ya no puede crecer nada.

HOY, una gran colina negra y reluciente indica el lugar donde nació el picudo Paricutín. Se han reconstruido pueblos y casas a una distancia prudencial. De momento, el Paricutín duerme apaciblemente, pero, ¿por cuanto tiempo? Nadie lo sabe.

El Paricutín dio a los vulcanólogos una gran oportunidad para estudiar de cerca un volcán violento. Pero los volcanes siguen siendo un misterio insondable y son muy difíciles de predecir. ¿Qué es exactamente lo que «pone en marcha» un volcán?

¡Y SE OYE UN GRAN ESTRUENDO!

Mientras disimulas un bostezo en clase de geografía o te aburres delante de la tele, dedica un momento a pensar en la pobre Tierra. Bajo tus pies, su energía no tiene un instante de reposo. Siempre está en marcha. Y esta actividad terrestre es la causa de los volcanes. La pregunta candente es: ¿Cómo?

¿Cómo diantres entran en erupción los volcanes?

1 En las profundidades de la tierra, en el manto, el magma empieza a subir. Emerge porque está mezclado con gas, de modo que es más ligero que las rocas que le rodean. Para ver como sube el magma, prueba este experimento comestible:

Necesitarás:
- Dos tapones de corcho (para el magma)
- Un tarro de miel (para las rocas)

Cómo debes hacerlo:
a) Sumerge los tapones en la miel hasta que queden completamente cubiertos.

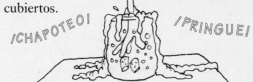

¡CHAPOTEO! ¡PRINGUE!

b) Observa cómo suben. Lo mismo que el magma (bueno, casi).

c) Esparce la miel sobre una tostada y cómetela. (¡Primero quita los tapones!)

2 El magma sube hasta la corteza. Mientras empuja para abrirse camino, la presión aumenta. Los gases del interior burbujean con efervescencia (lo mismo que una lata de gaseosa si la agitas) y la presión sube.

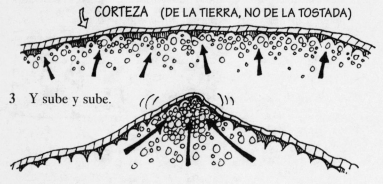

CORTEZA (DE LA TIERRA, NO DE LA TOSTADA)

3 Y sube y sube.

4 ... hasta que un día el magma y el gas emergen velozmente, salen a través de grietas de la corteza y entran en erupción. (Como haría la lata si la abres, de modo que ten cuidado.)

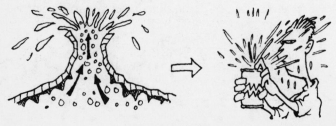

5 Una vez en el exterior, al magma se le llama lava. Está al rojo vivo, es pegajosa y avanza deprisa. Sale disparada con estrépito o humea suavemente, construyendo un cono o deslizándose por el suelo. Al fin se enfría y se convierte en roca sólida.

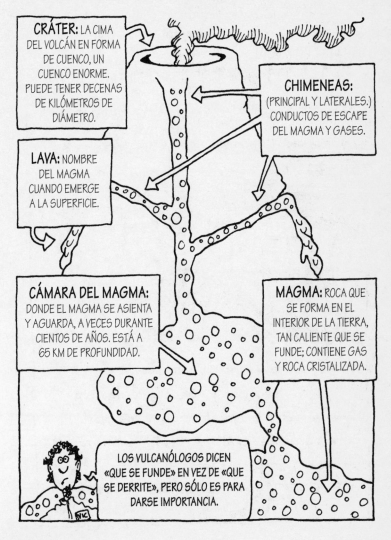

CRÁTER: LA CIMA DEL VOLCÁN EN FORMA DE CUENCO, UN CUENCO ENORME. PUEDE TENER DECENAS DE KILÓMETROS DE DIÁMETRO.

CHIMENEAS: (PRINCIPAL Y LATERALES.) CONDUCTOS DE ESCAPE DEL MAGMA Y GASES.

LAVA: NOMBRE DEL MAGMA CUANDO EMERGE A LA SUPERFICIE.

CÁMARA DEL MAGMA: DONDE EL MAGMA SE ASIENTA Y AGUARDA, A VECES DURANTE CIENTOS DE AÑOS. ESTÁ A 65 KM DE PROFUNDIDAD.

MAGMA: ROCA QUE SE FORMA EN EL INTERIOR DE LA TIERRA, TAN CALIENTE QUE SE FUNDE; CONTIENE GAS Y ROCA CRISTALIZADA.

LOS VULCANÓLOGOS DICEN «QUE SE FUNDE» EN VEZ DE «QUE SE DERRITE», PERO SÓLO ES PARA DARSE IMPORTANCIA.

De todas formas y tamaños

No es preciso decir que no todos los volcanes tienen esta forma. Todo depende del tipo exacto de magma del que están hechos (espeso o fluido) y según la violencia con la que entran en erupción. En general, hay dos tipos de erupción: **1** De increíble violencia y **2** No tan violenta. (Según versión de un AVA, por tanto, no oficial).

TIPOS DE VOLCANES - INFORME

1 INCREÍBLEMENTE VIOLENTO (IV para abreviar)

Algunos volcanes entran en erupción con gran estruendo, como la megaerupción del Saint Helens.

El magma causado por volcanes muy violentos es espeso y pegajoso, y muy cargado de gases. Emerge hasta la superficie con una explosión violenta, lanzando al aire nubes hirvientes de rocas, cenizas y gases.

VEREDICTO: Terrible, destructivo y peligroso.

2 NO MUY VIOLENTO (N/MV para abreviar) Si el magma es fino y avanza con fluidez, los gases escapan con facilidad, de modo que la erupción es mucho menos violenta.

Su lava fluye plácidamente por el suelo y avanza durante kilómetros, quemando y enterrándolo todo a su paso. También producen fabulosos y espectaculares fuegos de artificio, lanzando a gran altura surtidores y chorros de lava chisporroteante.

VEREDICTO: Silencioso, pero letal.

Claro que siempre hay excepciones que confirman la regla. Algunos volcanes comienzan su vida como un tipo y acaban como otro. Otros entran en erupción de las dos maneras a la vez. ¡Uf!

Dato escalofriante
Tanto bufido y resoplido se cobran su precio, por lo que algunos volcanes se toman un pequeño descanso entre erupciones. Estrómboli, en Italia, está casi permanentemente en erupción. Entre cada una de sus pequeñas erupciones, sólo se toma un respiro de 15-20 minutos, de modo que es muy posible que esté en erupción mientras tú lees esto. El Chichón en México descansa algo más. Dormita unos 1000 años entre erupción y erupción. (Para mantenerte en vilo.)

Guía para detectar volcanes

¿No sabes distinguir un escudo de un cono? ¿Los magmas te confunden? ¡Aquí tienes la ayuda al alcance de tu mano! Con esta nueva guía para distinguir volcanes, tus problemas pronto habrán terminado.

A

NOMBRE: Volcán en escudo
FORMA: Bajo, ancho y en forma de cúpula

LAVA QUE AVANZA SUAVEMENTE POR LAS LADERAS

CHIMENEAS LATERALES

MAGMA

MAGMA/TIPO DE LAVA: Fina y deslizante, como jarabe caliente. Avanza deprisa. Recorre hasta 100 km antes de solidificarse.

ERUPCIÓN TIPO: NMV

El volcán escudo debe su nombre a los escudos de los guerreros. (¿Puedes ver la diferencia?) Forman las montañas más grandes de la Tierra. Su lava fluye por numerosas chimeneas laterales. Kilauea, Mauna Loa y los tres volcanes que forman las idílicas islas Hawai son ejemplos famosos.

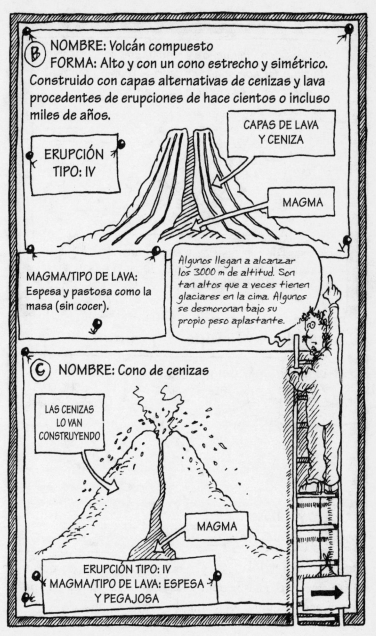

NOMBRE: Volcán compuesto
FORMA: Alto y con un cono estrecho y simétrico. Construido con capas alternativas de cenizas y lava procedentes de erupciones de hace cientos o incluso miles de años.

ERUPCIÓN TIPO: IV

CAPAS DE LAVA Y CENIZA

MAGMA

MAGMA/TIPO DE LAVA: Espesa y pastosa como la masa (sin cocer).

Algunos llegan a alcanzar los 3000 m de altitud. Son tan altos que a veces tienen glaciares en la cima. Algunos se desmoronan bajo su propio peso aplastante.

NOMBRE: Cono de cenizas

LAS CENIZAS LO VAN CONSTRUYENDO

MAGMA

ERUPCIÓN TIPO: IV
MAGMA/TIPO DE LAVA: ESPESA Y PEGAJOSA

FORMA: *Conos pequeños y empinados con cráteres en la cima. Se componen de cenizas (polvo y cenizas). Una nueva capa se añade a cada erupción.*

Los conos de cenizas suelen encontrarse en grupos de un centenar o más. También se forman en las laderas de los volcanes escudo.

Un mal día en Pompeya (pésimo)

PERSONALMENTE YO PREFIERO EL ESTROMBOLIANO.

NO, NO, TIENE QUE SER HAWAIANO.

EL PLINIANO ES MUCHO MÁS ESPECTACULAR.

Bien, no están hablando de pizzas. ¿Sobre qué esperas que discutan tres vulcanólogos durante la comida? Sí, hablan de tipos de volcanes. Aquí tienes de dónde salen sus nombres:

- Estromboliano, por el volcán Strómboli de Italia.
- Hawaiano por los volcanes hawaianos (lo cual es un terrible malentendido puesto que los volcanes de Islandia también son hawaianos).
- Pliniano por Plinio el Viejo. Era un noble romano y escritor (con un interés especial por la geografía) que murió cuando el Vesubio entró en erupción en el año 79 de nuestra era y sepultó la ciudad de Pompeya bajo cenizas. Los volcanes plinianos son los más violentos de todos. Afortunadamente (para nosotros), la erupción fue presenciada (desde una distancia prudencial) por un joven de 18 años, sobrino de Plinio: Plinio el Joven. Relató el dramático acontecimiento en una carta dirigida a un amigo. Fue el primer informe de un testigo presencial de la erupción de un volcán violento. ¡Aquí tienes una traducción mala, muy mala!

Nápoles, Italia,
año 79

Querido Tácito,
- Siento haber tardado tanto en escribirte. Muchas gracias por los libros de historia que me enviaste para mi cumpleaños. Estoy acabando «Guía para gladiadores novatos» y luego empezaré los tuyos.
Las cosas han ido bastante mal desde que te escribí por última vez debido a la erupción del monte Vesubio y demás. Probablemente, te habrás enterado de la noticia, pero mamá y yo estábamos allí.

Estábamos en Misenum con el tío Plinio que
tenía unos días de vacaciones. Acababan de
nombrarlo almirante de la flota y creo que
el trabajo le agobiaba un poco. El caso es
que, después de comer, mamá, de repente,
señaló al cielo donde había una nube
negra y tan grande como no
habíamos visto
jamás.

Tío Plinio
se había quedado
dormido
al sol. Tuvimos que zarandearlo para
despertarlo, pero en cuanto vio la nube, se
puso los zapatos y subió corriendo a la
colina para verla mejor. Mamá y yo
corrimos tras él. La nube
era enorme. Parecía la copa
de un pino, ya sabes, como
esos que parecen un
paraguas y crecen cerca de
nuestra casa. Era una nube
parcheada y sucia como un trapo
viejo, y estaba encima del monte Vesubio.
Tío Plinio empezó a ponerse serio y dijo
que, en interés de la ciencia, debía ir a
verlo personalmente. (Si de verdad el
volcán había entrado en erupción no
quería perdérselo.) De modo que pidió un

MAMÁ

TÍO
PLINIO

bote (eso es lo adecuado cuando acaban de nombrarte almirante) para que le llevara al otro lado de la bahía. Me preguntó si yo quería ir con él. «Aprenderás algo nuevo, joven Plinio», dijo. Pero yo le contesté que prefería quedarme en casa y cuidar de mamá (no es que ella lo necesitase, sabe cuidar muy bien de sí misma. La verdad es que no me apetecía habérmelas con un volcán en erupción).

Cuando tío Plinio se disponía a partir, llegó una carta urgente. Era de su amiga Rectina que vivía en la falda del Vesubio. Le suplicaba que fuera a rescatarla. El único medio de escapar de su casa era por mar. De modo que tío Plinio, siempre tan caballeroso, cambió de plan y dio orden de que zarpara un barco de guerra (otro privilegio de los almirantes). Él salvaría a Rectina y a todo el que encontrase.

Pues bien, no volvimos a ver jamás a tío Plinio. Nos enteramos, bastante después, de que había navegado hasta la zona de peligro (siempre fue un poco fanfarrón),

mientras todos los demás huían. Y cuando llegó allí, la lava densa e incandescente caía del cielo, seguida de grandes bloques de roca y piedra pómez. Cualquiera hubiera huido para salvar la vida, pero tío Plinio estaba allí en interés de la ciencia y se puso a tomar notas. Bueno, en realidad no las escribió él, estaba demasiado ocupado dando órdenes. No, tenía un escriba que hacía todo el trabajo; el pobre diablo seguro que deseó no haber aprendido a escribir.

El caso es (para no alargar la historia) que era demasiado peligroso desembarcar cerca de la casa de Rectina, así que el barco fue hasta la cercana Stabiae donde vivía un gran amigo de mi tío: Pomponianus.

Entretanto, el Vesubio seguía en erupción como un loco, parecía el fin del mundo. La tierra temblaba y se hizo demasiado peligroso continuar en casa de Pomponianus, de modo que mi tío y él se ataron unos almohadones en la cabeza para protegerse de los pedruscos que caían y fueron a la playa con la esperanza de poder escapar por el mar. Pero el mar estaba demasiado picado para

40

botar el bote. Incluso mi tío debió asustarse, pero no lo demostró (nunca quiso preocupar a los demás). Se tumbó a descansar y, como alguien dijo, no cesaba de pedir agua a un esclavo. No tardaron en oler a quemado, había fuego cerca y se iba acercando. Tío Plinio se puso de pie e intentó echar a andar, pero no pudo. De repente, se desplomó y cayó al suelo. No podía respirar porque el humo era muy denso.

Dos días más tarde encontraron el cuerpo de mi tío. El hombre que lo encontró dijo que parecía dormido y no que acabase de morir, así que es de esperar que no sufriera demasiado. (Te agradará saber que Rectina escapó. Nos escribió diciendo que sentía la muerte de tío Plinio. Debía sentirse bastante culpable.)

Mamá se ha mostrado muy valiente, pero sé que echa mucho de menos a mi tío. Y yo también, aunque siempre encontraba un motivo para regañarme. Por lo menos murió como un héroe. Otros también murieron. ¿Sabes lo de Pompeya? Nosotros lo vimos la semana pasada. No ha quedado nada. ¡Nada!

Siento que esta carta haya sido tan triste. Ven a vernos pronto.

Tuyo, Plinio

41

Cinco datos terribles referentes a Pompeya

1 En el siglo I, Pompeya era una ciudad romana grande y próspera cercana a Nápoles. Allí vivían 20.000 personas. El poeta Florus la describió así:

EL LUGAR MÁS BELLO DEL MUNDO.

2 El Vesubio había dormido durante 800 años y la mayoría pensaban que estaba extinguido. Nadie soñaba que pudiera despertar. Y muchos ni siquiera sabían que era un volcán.

3 La erupción comenzó a las 10 de la mañana del 24 de agosto del año 79. Al cabo de unas pocas horas, Pompeya había quedado sepultada bajo varios metros de cenizas incandescentes y rocas. No quedó ni rastro de la ciudad.

4 Aquel día fatídico murieron por lo menos 2000 personas, la mayoría por asfixia. Diez esclavos murieron juntos atravesando un tejado. Un grupo de gladiadores perecieron en una taberna. Cientos de personas quedaron atrapadas entre las ruinas de sus casas. Muchas más huyeron para salvarse, pero fueron alcanzadas por dos enormes explosiones de cenizas y gas que rodaron imparables montaña abajo. Debió de ser espantoso.

5 Los vulcanólogos utilizan la palabra pliniano para describir a los volcanes que entran en erupción como el Vesubio. Son en extremo violentos, con enormes explosiones de gas que duran de unas pocas horas a varios días, y levantan enormes cantidades de rocas y cenizas que después caen como una siniestra y sofocante tormenta de nieve.

Violento y mortal

El Vesubio, a pesar de ser devastador y mortal, en la lista de los diez volcanes más violentos, apenas alcanza el primer nivel de violencia. En el tiempo geográfico (que es mucho, muchísimo más largo que el normal. ¿Será por eso que las clases de geografía parece que no se acaban nunca?). El Vesubio ni siquiera era así de malo. Para que te hagas una idea exacta de lo violento que es un volcán, los científicos utilizan el Índice de Explosiones Volcánicas (IEV para abreviar) con grados del 0 (leve) al 8 (cataclismo). La mayor erupción reciente fue la del Tambora, Indonesia, en 1815, con un 7 de la escala. (Por increíble que parezca, el Saint Helens sólo alcanzó el 5.) El mundo moderno jamás ha experimentado una erupción 8 del IEV.

Consulta la lista de la página 44, en la que aparecen las diez erupciones más violentas que han tenido lugar durante los últimos siete mil años. Son las siguientes por orden de edad:

VOLCÁN/SITUACIÓN	FECHA	IEV
10: Cráter Lake, Oregón, EE.UU	c.4895 a.C.	7
9: Kikai, Japón	c.4350 a.C.	7
8: Thera, Grecia	c.1390 a.C.	6
7: Taupo, Nueva Zelanda	c.130	7
6: Ilopango, El Salvador	c.260	6
5: Oraefajokull, Islandia	1362	6
4: Long Island, Nueva Guinea	c.1660	6
3: Tambora, Indonesia	1815	7
2: Krakatoa, Indonesia	1883	6
1: Novarupta, Alaska	1912	6

Dato escalofriante

La última erupción 8 en el IEV fue la del Toba, Sumatra, hace 75.000 años. Esta gigantesca explosión lanzó tanta ceniza y gas a la atmósfera que bloqueó el sol por completo. La temperatura bajó de golpe y la Tierra quedó sumida en un invierno volcánico y gélido que duró años y años. ¡QUE NO CUNDA EL PÁNICO! En realidad, las erupciones violentas son más raras que las menores porque tardan mucho más tiempo en acumular la presión necesaria para producir una gran explosión.

Cantidades asombrosas de ceniza

Otro modo de calibrar la escalofriante magnitud de una erupción es midiendo la cantidad de ceniza que arroja. (Te aviso que esto puede llevar un buen rato.) Por ejemplo, el Toba tan temperamental (con un 8 del IEV) arrojó 2800 km³ de ceniza. Representa mil veces más que el Saint Helens que expulsó unos patéticos 2,5 km³. El primero de la lista es el Novarupta, el número uno durante 87 años consecutivos (con un 6 en el IEV) arrojó 21 km³ de ceniza, equivalentes a ocho volcanes como el Saint Helens. Y si tienes en cuenta que sólo un km³ de ceniza basta para llenar *medio millón* de piscinas olímpicas, verás que hablamos de cantidades asombrosas de ceniza.

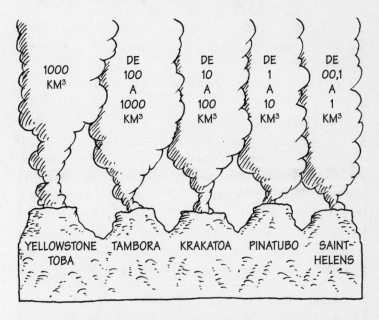

Pero la ceniza no es lo único que sale de los volcanes violentos. Tienen una amplia gama de sorpresas siniestras y achicharrantes en el interior de sus ardientes entrañas.

45

¡ESCÚPE-LO YA!

Lo más terrible y peligroso de los volcanes no es lo que entra en ellos, sino lo que sale. Claro que contienen lava y muchas cosas más. Rocas incandescentes del tamaño de un coche, mareas de barro, surtidores de cenizas y ascuas, incluso peces. ¡Sí, peces!

Todas las cosas que arrojan los volcanes (excepto los peces) se llaman piroclastos, palabra griega que significa «cosas ardientes». Y pueden ser asesinas.

Aquí tienes algunos peligros que debes evitar:

Lava viva

La lava al rojo vivo es roca líquida que está en el interior de la Tierra y que sale despedida al exterior por el cráter de un volcán. (Antes de salir se llama magma.) En los volcanes no tan violentos, fluye suavemente y avanza despacio por la ladera como un río rojo de roca fundida. En las explosiones más violentas, surge en surtidores o chorros de grandes gránulos de sustancia pegajosa. Cuando la lava se enfría, cambia por completo de aspecto y se convierte en roca dura y negra.

Diez datos llameantes respecto a la lava

1 La lava líquida está a una temperatura espeluznante. Nunca baja de los 800 °C y puede alcanzar los 1200 °C, 12 veces más que el agua hirviendo. De un científico que (tontamente) anduvo por encima de un río de lava, sus calcetines todavía echaban humo horas más tarde cuando se quitó las botas.

2 La lava rara vez fluye a más de unos pocos kilómetros por hora, por lo que normalmente hay tiempo de escapar. Pero la velocidad no lo es todo. Una vez la lava se pone en movimiento no hay quien la pare. Sigue avanzando como una apisonadora gigante, enterrando carreteras, coches e incluso pueblos enteros mientras prende fuego a casas y árboles.

¡VAYA! ¿DÓNDE APARQUÉ EL COCHE?

3 La lava más rápida fluyó del volcán Nyiragongo en un lago del Zaire en 1977. Discurría a más de 100 km/hora y cogió por sorpresa a la gente de la localidad. Fue una tragedia, murieron a miles.

4 Si no puedes vencerla, apártate de ella. Cuando un río de lava amenazaba la ciudad de Kalapana, en Hawai, en 1983, la gente tomó una drástica resolución. Ataron sus casas (y la iglesia) a la parte posterior de sus camiones y las pusieron a salvo. Tras ellos, la ciudad fue pasto de las llamas.

5 El río de lava más largo y más reciente fluyó del volcán Laki, en Islandia, en 1783. Recorrió una distancia de 70 km antes de detenerse.

6 El flujo de lava más largo y duradero surgió del Kilauea, en Hawai. El volcán estuvo en erupción ininterrumpidamente desde febrero de 1972 a julio de 1974, un total de 901 días. Y escupió lava suficiente para llenar 100.000 piscinas olímpicas.

7 Hablando del Kilauea, es el volcán que Pele, la diosa hawaiana del fuego, llama su hogar, dulce hogar. Ella vive en el cráter, en la cima. Las hebras finas de lava cristalizada que salen por el cráter del volcán cuando está en erupción se llaman cabellos de Pele.

8 Cuando la lava emana del suelo, suena como una máquina de vapor que circula alegremente. Incluso puede atravesar túneles. A veces, la lava se solidifica por encima y sigue fluyendo por debajo. Cuando la lava ha discurrido queda un tubo o túnel. Existe un laberinto de ellos debajo de Hawai.

9 El dato más nefasto acerca de la lava es que puede avanzar durante años y años, y luego detenerse en seco, para más tarde volver a arrancar. De modo que nunca sabe uno a qué atenerse.

10 Si te encuentras en la playa de una isla volcánica no te dejes engañar por su arena negra, que se forma cuando la lava caliente llega al mar y se desmenuza en partículas diminutas. Es muy posible que en la playa no estés tú solo. El pájaro maleo de Indonesia suele utilizar esta arena negra como nido y entierra en ella sus huevos. Allí se conservan bien calientes y abrigados hasta que nacen los polluelos.

Chiste de vulcanólogo violento y divertido:

La lava almohada es un tipo de lava que surge de los volcanes submarinos. Emana por las grietas del fondo marino, se enfría rápidamente en contacto con el agua, se solidifica y forma bloques de roca.

Ten cuidado si piensas apoyar tu cabeza en una almohada de lava. No es ni blanda ni cómoda.

¿Y A ESO LE LLAMAN LECHO SUBMARINO?

Cenizas atroces

La lava no es el único peligro terrible de los volcanes. Algunos volcanes violentos lanzan al aire nubes asfixiantes de polvo y ascuas a decenas de kilómetros de altura. La ceniza está formada por fragmentos superfinos de lava y rocas, como el yeso o la harina, y contiene millones de toneladas. Algunas llegan muy lejos. Otras se posan cerca de las poblaciones y ahí es donde empiezan los problemas. Sepultan ciudades y campos en varios kilómetros a la redonda haciendo muy difícil incluso la respiración.

Cuando el monte Unzen del Japón entró repentinamente en erupción en 1991, incluso las farolas de las calles quedaron apagadas cuando una densa nube de cenizas bloqueó el sol, convirtiendo el día en noche en todas las ciudades de los alrededores. Pero si pensaron que aquello era malo es porque probablemente no habían contado con las...

Peligrosas nubes piroclásticas

Sin duda, los peores peligros de los volcanes son los desplomes piroclásticos que tienen lugar cuando una nube de cenizas se colapsa y desciende en tromba montaña abajo. Como una apisonadora ceniciienta, gaseosa e incandescente, se lleva por delante todo lo que encuentra en su camino ¡NO HAY ESCAPATORIA! Las nubes piroclásticas son:

1 ¡RÁPIDAS! ¡Descienden a más de 200 km/hora!

2 ¡CALIENTES! De 300 °C a 800 °C ¡e incluso más!

3 ¡Y MORTALES! La nube piroclástica de la erupción del Pelée en 1902 destruyó la capital de la isla Martinica y asfixió a sus 30.000 habitantes en cuestión de segundos.

Fueron una serie de nubes piroclásticas las que acabaron con Pompeya en el año 79 a.C. Pero, por extraño que parezca, al mismo tiempo la salvaron para la posteridad. Al cubrir la ciudad con una gruesa capa de ceniza, se conservó casi en perfectas condiciones hasta que los arqueólogos la desenterraron siglos después. Incluso aparecieron algunas hogazas de pan.

El hallazgo más espantoso fue el de un grupo de cadáveres petrificados. Personas que se asfixiaron con la ceniza ardiente. Luego la ceniza se enfrió y se asentó alrededor de sus cuerpos. En su interior, la carne fresca se fue descomponiendo y quedaron sólo los huesos ¡y un hueco fantasmal con la forma de los cuerpos! En 1860, a un arqueólogo italiano que trabajaba en Pompeya se le ocurrió una idea. Sacó los huesos y rellenó el hueco con yeso. Cuando éste se endureció, pudo ser excavado de la roca para proporcionarnos un retrato del pasado.

Historiadores y arqueólogos lo pasan en grande descubriendo cómo era la vida romana. Seguro que a las víctimas del volcán les encantará saber que no han muerto en vano. Aquí tienes algunos de los descubrimientos hechos en Pompeya:

- Entre lo que los romanos comían y bebían –en las tabernas, en las calles y en los baños romanos– se encontraron huevos, nueces, higos, un pan de (casi) 2000 años (una hogaza redonda, marcada con ocho porciones, en el horno de una panadería).

VENDIDO EL AÑO 79 A.C.

- Lo que les gustaba hacer a los romanos era teatros, templos, cuarteles para los gladiadores y anfiteatros para los espectáculos de gladiadores.

HOY
NO HAY FUNCÍON

- Lo que vestían los romanos se ha podido saber por los mosaicos y por los brazaletes en forma de serpiente que estaban muy de moda entre los antiguos romanos bien vestidos.

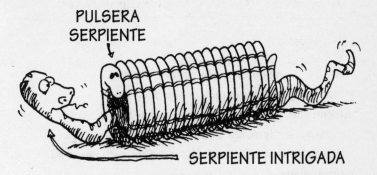

PULSERA SERPIENTE

SERPIENTE INTRIGADA

- Los animales de compañía de los romanos han aparecido dibujados en mosaicos. Se ha encontrado entre las cenizas un perro guardián, con un escrito que decía: *cave canem* (cuidado con el perro).

NI SIQUIERA HABÍA ACABADO DE COMER.

FIDIUS

Lahares mortales

Imagina un río inmenso de fango, aplastado como cemento caliente y espeso, que baja a toda velocidad por la ladera del volcán. A eso se le llama *lahar*. Lo mortal de los lahares es la velocidad a que viajan: más de 160 km/hora. Son ríos de fango formados por cenizas volcánicas. Entierran ciudades y campos, embarran ríos y arrastran puentes y edificios a su paso.

Cuando el monte Pelée entró en erupción en 1902, el propietario de una fábrica de ron, el doctor Guérin, presenció de cerca los estragos que causa un lahar. Eran las 12.45 del 5 de mayo y el doctor Guérin acababa de salir de su casa.

5 MAYO

Al salir de mi casa oí a la gente gritar: «¡La montaña se derrumba!». Luego oí un ruido tremendo, infernal, como jamás oyera. Una avalancha negra, llena de rocas enormes, rodaba montaña abajo. Dejó el lecho del río y rodó hacia mi fábrica como un ejército de gigantes invasores. Yo me quedé petrificado. Vi como mi pobre esposa y mi hijo corrían hacia la playa y recé para que lograsen escapar.

Luego, de repente, llegó el fango. Pasó por delante de mí y pude sentir su aliento mortífero. Se oyó un ruido tremendo y todo quedó aplastado, ahogado y sumergido. Tres olas negras bajaron barriendo una, por una, como truenos, en dirección al mar. Arrastraron a mi esposa y mi hijo. Un bote salió despedido por el aire y mató a mi fiel capataz. No sé cómo describir aquella desolación.

> En el espacio de un instante, no se vio más
> que un vasto mar negro de fango. Todo lo que
> veía de mi fábrica eran las chimeneas
> alzándose entre aquella ciénaga mortal.

Y en la escala de lahares letales, éste fue de poca importancia. Cuando entró en erupción el monte Pinatubo de Filipinas en 1991, los lahares mas grandes jamás vistos asolaron todo el paisaje de los alrededores. Dejaron un balance de mil muertos, y un millón de casas y acres de los cultivos de arroz más fértiles quedaron destruidos. Muchas personas se vieron obligadas a pedir limosna para sobrevivir. El barro enterró varias ciudades grandes. Incluso en la actualidad, la amenaza no ha terminado. Una enorme cantidad de ceniza cubre la montaña y, cada otoño, cuando caen las lluvias del monzón, se convierte en barro y empieza a deslizarse.

Rocas al rojo vivo

A las rocas que se forman cuando el magma o lava se enfría y se endurece (encima o debajo del suelo) se les llama rocas ígneas o eruptivas. Las hay de distintos tipos, pero la más famosa y con mucho es:

¡LA PIEDRA PÓMEZ!

¿Buscas un regalo ideal? ¿Estás harto de regalar libros de cuentos? ¿Buscas desesperadamente algo distinto? Entonces no busques más. Tenemos la respuesta a tus plegarias. Despídete para siempre de los aburridos patitos de goma con un...

¡PATO DE BAÑO, DE PIEDRA PÓMEZ, ASOMBROSO, PERPETUO!

GANGA.
SÓLO
9,999 PTS.

GARANTIZADO. NO SE HUNDE.
LA ÚNICA ROCA QUE FLOTA

OJO OPCIONAL
(HECHO CON LA MEJOR
OBSIDIANA NEGRA VOLCÁNICA)

PIEDRA PÓMEZ ITALIANA DE LA MEJOR CALIDAD (TALLADA
A MANO POR NUESTRO EQUIPO DE ESPECIALISTAS)

EN 2 BONITOS
TONOS
BLANCO Y GRIS

INDICARLO AL
HACER EL PEDIDO

Con más agujeros que las imitaciones baratas

TAMBIÉN SERVIMOS: *

- Piedra pómez de tamaño manejable.
  (especial para las durezas)
- Una fabulosa jabonera flotante (ya no volverás a
  perder el jabón).
- Lo último en brazaletes para el próximo verano,

LO QUE DICE UNA
CLIENTA SATISFECHA:

«Mi jabonera flotante
ha cambiado mi vida»

* Mientras haya existencias.

56

La piedra pómez flota porque está llena de aire caliente. Bueno, de burbujas de gas, técnicamente hablando. Por eso está llena de agujeros que dejan las burbujas al estallar. Los volcanes violentos lanzan millones de toneladas de piedra pómez, desde pedacitos del tamaño de los guisantes a bloques tan grandes como icebergs; en serio. Cuando el Krakatoa entró en erupción en 1883, los barcos pasaron meses esquivando enormes y peligrosos pómez-bergs que flotaban en el mar.

Luz deslumbrante

A menudo suelen verse fogonazos brillantes o relámpagos durante las erupciones violentas. Así es como ocurre.

1   Millones de fragmentos minúsculos de polvo y lava giran en el interior de una descomunal nube de ceniza...

2   ... y se frotan unos contra otros muy deprisa.

3   Esta frotación produce electricidad estática (como la que sale de tu pelo si te peinas muy deprisa).

4... que sale disparada de la nube como rayos y relámpagos.

¡RAYO!

¡RAYO!

¡RAYO!

¡AL REFUGIO COMO UN RAYO!

Dato escalofriante

Y ahora vamos a por los peces. Lo creas o no, cuando el monte Tungurahua del Ecuador entró en erupción en 1886, una lluvia de peces cayó en los alrededores. Se cree que los peces provenían de un lago del cráter. Al parecer, no sufrieron ningún daño durante su extraña aventura, ni siquiera se magullaron ni sufrieron.

Vocabulario breve sobre violentos volcanes

¿Tu profesor de geografía rebosa de conocimientos volcánicos? Utiliza este cuestionario para averiguarlo.

1 ¿Qué es un *a'a*?

a) El ruido que haces cuando huyes de un río de lava.

b) Un tipo de roca afilada que corta fácilmente (mejor no tocarla sin guantes).

c) La palabra que significa lava en hawaiano.

2 ¿Dónde encontrarías un *vug*?

a) Subiendo a un cráter pequeño.

b) En la mochila de un vulcanólogo.

c) En el interior de una roca volcánica.

3 ¿Qué son los *lapilli*?

a) Pedacitos de roca y lava que escupen los volcanes.

b) Pedacitos de oro que se encuentran en los volcanes.

c) Ofrendas hechas a los dioses de los volcanes.

4 ¿Qué harías con una bomba de corteza de pan?

a) Comerla.

b) Cocerla.

c) Apartarte de su camino.

5 ¿Qué es el *pahoehoe*?

a) Una herramienta que se utiliza para cavar en terreno volcánico.

b) Lava en hawaiano.

c) El volcán más grande de Hawai.

6 ¿Qué es una caldera?

a) Un cráter circular en la cima de un volcán.

b) Un cono circular en la ladera de un volcán.

c) Una olla grande. Las mujeres que usan sombreros altos y puntiagudos suelen bailar a su alrededor.

7 ¿Qué es el basalto?

a) Un gas volcánico.

b) Una roca volcánica negra o gris.

c) Un nuevo baile.

8 ¿Qué es la toba?

a) Material usado para fabricar calcetines para los vulcanólogos.

b) Material hecho de ceniza volcánica.

c) Un tipo de hierba que puede crecer en la lava.

9 ¿Qué es una fumarola?

a) Un tipo de pescado ahumado.

b) Un instrumento para medir humos.

c) Un agujero en el suelo que echa humo.

10 ¿Qué es un *maar*?

a) Masa enorme de agua salada.

b) Un tipo de volcán.

c) Nombre que dan a Marte los científicos.

Respuestas:

1c) A'a es lava densa y pegajosa que forma roca pesada y mellada cuando se enfría. Es tan afilada que podría cortar las suelas de tus botas.

2c) Un vug es una roca volcánica cristalizada. La mayoría son cristales muy pequeños, pero una vez se encontró un vug como una cueva. Sus cristales llenaron 1400 sacos.

3a) Van desde el tamaño de un guisante al de una manzana. Su nombre significa en latín piedrecitas. ¡Apuesto a que tu profesor no lo sabía!

4c) Una bomba de corteza de pan es un poco de lava que al salir del volcán se solidifica. Su nombre se debe a que mientras vuela por el aire su parte exterior se enfría y endurece mientras su interior permanece caliente y pegajoso. De esta manera forma una corteza dura como la de una hogaza

COMPETICIONES

GANA LAS VACACIONES VOLCÁNICAS DE TU VIDA

TU OPORTUNIDAD DE CONTEMPLAR GÉISERES EN EL PARQUE YELLOWSTONE, EE.UU.

VER EN PÁG. 67 CÓMO PARTICIPAR

Felices y cálidas vacaciones en Hawai

Hermosas playas de arena negra.

Con más de cinco millones de turistas, uno de los encantos turísticos de Hawai es visitar volcanes. Pero ¿por qué diantres hace allí tanto calor? Enviamos a Bermúdez, nuestro explorador, para averiguarlo.

—Siempre había deseado ir a Hawai y ahora he aprovechado la oportunidad. No he quedado decepcionado. Las islas hawaianas son las cimas de volcanes gigantescos formados sobre un punto caliente del océano Pacífico. Gigantes enormes, pero gentiles. Cuando entran en erupción, cosa que hacen a menudo, escupen lava suavemente. Montones y masas de la pegajosa sustancia avanzan en grandes ríos rojos o llenan el aire de fuegos artificiales. Asombroso.

En mi segundo día en Hawai, no pude esperar más. Era hora de ir a ver la erupción por mí mismo. Fui en autobús (tam-

¡Yo, delante del autobús!

bién se puede ir en coche o en helicóptero). En el precio se incluye el transporte, la entrada al Parque Nacional y un aperitivo en el café Volcano House y el recorrido con guía. (Si quieres una camiseta, es extra.) Po-

drás ver la lava burbujeante que brota del suelo y visitar el lugar donde penetra en el mar.

Mira esas burbujas, ¡uf!

Con más de 100 islas donde elegir estarás encantado de haber optado por el Punto Caliente de Hawai. No te pierdas el Kilauea que ha estado en erupción sin parar desde 1983. Y date una vuelta por el Mauna Loa, el mayor volcán activo del mundo. Y si te ilusiona una visión nocturna, ve al observatorio del (dormido) Mauna Kea.

Y, demasiado pronto, llegó el momento de regresar a casa, pero volveré. Hawai es el no va más, una fabulosa y emocionante oportunidad para ver a la Tierra en acción.

ELIGE LA SEMANA

¿Estás deseando alejarte de todo? Viaja a la diminuta Tristán de Acuña, la gema escondida del Atlántico Sur.

★ Maravíllate ante sus espacios abiertos. Sólo 400 habitantes.

★ Disfruta de su paz y tranquilidad. Tristán de Acuña está a miles de kilómetros de cualquier lugar. De hecho, es la isla más aislada de la Tierra, situada a unos 2000 km de sus vecinos más próximos. Si no me crees, mira el mapa. Está a mitad de camino entre América del Sur y el sur de África, al sur del océano Atlántico.

★ Asómbrate ante las historias de su última erupción en octubre de 1961. En realidad, es la cima de un volcán submarino que se eleva 2057 m sobre el nivel del mar. Y no es más que uno de la cadena de volcanes submarinos que serpentean por el Atlántico hasta Islandia, a lo largo de una grieta abierta entre dos placas que se separaron.

★ Aprovecha nuestro precio de oferta especial con un excelente ahorro. Si sois dos los que viajáis, un tercero puede ir gratis. ¡Seguro que necesitarás compañía! Llama para que te envíen un impreso de inscripción.

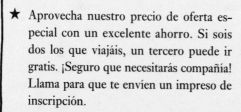

LOS VOLCANES CASCADE
YA SABES QUE SÓLO ESTÁN DORMIDOS

Para ver volcanes nunca vistos, visita las Montañas Cascade al noroeste de EE.UU. Picos cubiertos de nieve, bosques fabulosos, lagos transparentes como el cristal en los cráteres y mucho, mucho más. Contempla la altura del monte Rainier y sus 26 glaciares. Maravíllate ante el monte Saint Helens. Siente como tiembla la tierra en el espeluznante monte Hood.

ESCRIBE PIDIENDO UN FOLLETO AHORA MISMO

¡Ven a las Cascade, son una auténtica maravilla!

INFORME DE LA NIEVE

Para nieve blanca y pura y un paisaje asombroso, visita el monte Ruapehu (que en maorí significa «la cima que estalla») en la isla más septentrional de Nueva Zelanda. El lugar favorito para esquiar este año es la montaña más alta de Nueva Zelanda: 2797 m de altitud. Ideal tanto para expertos como para principiantes. Nuestros monitores te enseñarán a esquiar.

SANIDAD: AVISO IMPORTANTE

Espera retrasos si el Ruapehu está en erupción. La última vez que lo hizo fue en junio de 1996. Las pistas de esquí, carreteras y aeropuertos cercanos se vieron obligados a cerrar a causa de la ceniza caída. Presta atención a los informativos de radio y TV.

CONCURSO

Oportunidad para ganar una semana de estancia en el fabuloso Parque Nacional de Yellowstone y admirar los colosales géiseres. Un géiser es un surtidor gigante de agua hirviendo y vapor que ha sido calentada bajo tierra por rocas volcánicas hasta alcanzar el punto de ebullición. Los encontrarás también en sitios como Islandia y Nueva Zelanda.

Pero el Parque Nacional de Yellowstone, en Wyoming, EE.UU., es el hogar del géiser más famoso y enorme del mundo: el Steamboat. Esta belleza alcanza regularmente los 115 m de altura. Pero no te preocupes si te lo pierdes: hay otros 2999 géiseres en el parque. El viejo Faithful ha estado lanzando vapor cada hora durante los últimos 100 años.

El Parque Yellowstone está situado en lo alto de un punto caliente que se mueve lentamente por debajo de América (es tan lento que se mueve a una velocidad de 3,5 cm al año). Las rocas que hay debajo están al rojo vivo y por eso los géiseres saben cómo soplar.

PARA PARTICIPAR EN NUESTRO FABULOSO CONCURSO, PRIMERO HAS DE CONTESTAR A ESTAS TRES PREGUNTAS Y LUEGO COMPLETAR LA FRASE.

1: ¿Dónde está el géiser más alto del mundo?
2: ¿Cómo se llama?
3: ¿Por qué soplan los géiseres?

Completa esta frase con no más de 10 palabras:

«Steamboat es mi géiser favorito porque...»

VACACIONES DE IMPACTO ¡Te llevarán hasta el mismo borde del precipicio!

Fusión en Islandia

Con más de 200 volcanes activos, Islandia es uno de los lugares más sacudidos de la Tierra, con una erupción cada cinco años. Es el no va más para cualquier vulcanólogo. Los vulcanólogos de Islandia creían haberlo visto todo. Esto era así hasta los dramáticos acontecimientos del otoño de 1996, cuando algo siniestro pareció remover el hielo por debajo.

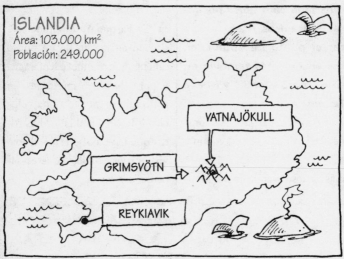

ISLANDIA
Área: 103.000 km²
Población: 249.000

VATNAJÖKULL

GRIMSVÖTN

REYKIAVIK

Durante seis largas semanas, los científicos habían estado controlando el fantasmal volcán Grimsvötn, sobrevolándolo en un avión de observación. Las señales de advertencia eran ya evidentes: una serie de terremotos reveladores indicaban que el magma se removía bajo tierra. Al parecer, el volcán se preparaba para entrar en erupción. Pero eso no era todo. En la cima del volcán se encontraba el Vatnajökull, el mayor glacial de Europa, ocupando una décima parte de la isla. Si el calor del volcán derritiera el hielo, podría desencadenar las inundaciones más terribles jamás conocidas en Islandia. Los científicos, preocupados, contuvieron la respiración y observaron.

CENTÍFICOS PREOCUPADOS

Luego, un día, sus peores temores se hicieron realidad. Aparecieron grietas en la superficie suave y lisa del glaciar. Una erupción que hizo retemblar la tierra había comenzado. Bajo el hielo, el volcán hervía derritiendo la increíble cantidad de 6000 toneladas de hielo por segundo. Al tercer día de erupción, su asombrosa energía había atravesado 760 m de hielo, y derretido y abierto una enorme brecha en el hielo de 3 km de ancho que arrojaba nubes negras de vapor y ceniza.

Los científicos estaban estupefactos. Habían visto derretirse el hielo ante sus propios ojos, ¿pero dónde diantres estaba toda el agua? Los equipos de emergencia se habían preparado trabajando contra reloj para levantar barreras que contuvieran la avenida de agua. Parte de la costa sur estaba cerrada al tráfico. De repente, casi tres semanas después, obtuvieron su respuesta. Como si se hubiera roto un gran dique, llegó la temida avalancha. Cuatro millones de toneladas de agua bajaron del glaciar a la sorprendente velocidad de 55.000 toneladas por segundo.

EL DIQUE SE ROMPE

El glaciar lanzaba icebergs del tamaño de casas que se llevaban por delante carreteras, puentes, centrales y tendidos eléctricos. Al fin, llegó al mar dejando los icebergs varados en la playa. Lo peor había pasado. Cuando los científicos acudieron a revisar los daños, la fuerza total de la avalancha se hizo evidente. Fue la peor inundación de Islandia en 60 años, pero los islandeses tuvieron suerte. Vatnajökull se alza en la parte sur de Islandia que está desierta. Las pocas personas que vivían cerca habían sido evacuadas. Aunque las pérdidas por los daños fueron de millones de euros, por increíble que parezca, no hubo víctimas.

¿UN TERRÓN O DOS? ¡LLÉVESE UNO A SU CASA!

Islandia es uno de los lugares más sacudidos de toda la Tierra. Esto se debe a que se asienta sobre dos placas de la corteza terrestre, una que sostiene a Norteamérica y la otra a Europa y Asia. Lentas, pero inexorables, las placas se van separando a razón de 4 cm por año. De modo que Islandia, lo mismo que la Tierra, se va partiendo literalmente.

LIBRO DE LA SEMANA

KRAKATOA: ¡POR ALLÍ EXPLOTA!
por el capitán E. Rupción

Según el informe de un testigo presencial, «Krakatoa: ¡Por allí explota!», cuenta la historia de la mayor explosión volcánica que haya habido jamás. El 27 de agosto de 1883, después de permanecer en letargo por espacio de 200 años, Krakatoa, una isla volcánica del suroeste de Indonesia, de repente entró en erupción. La ceniza y piedra pómez alcanzaron 50 km de altura. Dos terceras partes de la isla se sumergieron en el mar. El capitán de un barco mercante que pasaba por allí vio cómo estallaba el Krakatoa. Anotó en su diario de navegación:

«Las explosiones ensordecedoras sonaban como cañonazos mientras una masa de lava cargada de gas estallaba en el cielo como un gigantesco castillo de fuegos artificiales. Poco después de las 5 de la tarde las cubiertas del barco fueron bombardeadas con fragmentos de piedra pómez, algunos tan grandes como calabazas. La ceniza cayó tan rápidamente sobre cubierta que la tripulación trabajaba sin cesar para mantenerla limpia.»

El capitán y la tripulación sobrevivieron milagrosamente. Otros no fueron tan afortunados. La explosión levantó un tremendo *tsunami*, una ola marina gigantesca, que avanzó hacia las costas bajas de Java y Sumatra. 163 pueblos fueron borrados del mapa y murieron unas 36.000 personas.

En este libro, el capitán E. Ruption describe con gran realismo aquel día terrible. Ideal como lectura durante tus horribles vacaciones (a menos que te dirijas a Indonesia, para no tentar a la suerte). Muy recomendado.

Cotopaxi, Ecuador
La aventura te espera en los Andes. Es ideal. El Cotopaxi tiene 5897 m de altitud. Si te da pereza puedes subir en coche y bajar en bicicleta. ¡En serio! Fase: Activo

Popocatepetl, México
Pero puedes llamarle Popo para abreviar. Este pico cubierto de nieve de 5452 m de altitud ha entrado en erupción por última vez en 1997. La leyenda local dice que el Popo era un gigante a quien los dioses convirtieron en piedra. Busca donde hospedarte en la cercana ciudad de México. Fase: Activo.

Etna, Sicilia, Italia
Es el volcán activo más grande de Europa: 3340 m de altitud. Puedes subir a la cima en coche o autobús. Si prefieres andar, tendrás buena compañía,
Uno de los primeros en subir fue Adriano, el gran emperador romano. Su última erupción importante fue en 1991-1993. Hubo una pequeña erupción a principios de 1998, de modo que llévate un casco. Fase: Activo

Fuji, Japón

Un volcán sagrado, de modo que ten cuidado donde pisas. Únete a los peregrinos que suben a la montaña (tiene 3776 m de altitud) para pedir a los dioses que te protejan del mal. Cientos de santuarios para visitar en las laderas. Última erupción en 1707. Fase: Dormido.

Kilimanjaro, Tanzania

La montaña más alta de África (5898 m). Dos picos: Kibo y Mawenzi, unidos por una cordillera. Fotografía la nieve del cráter de Kibo. En las laderas del volcán crece café. Fase: Extinguido.

GUÍA RÁPIDA   Monte Erebus

¿En qué lugar de la Tierra está?

En la costa este de la isla de Ross, en la helada Antártida, de verdad.

¡Allí no puede haber volcanes, hace demasiado frío!

Te equivocas, claro que los hay. Hay otro llamado Terror, pero no es tan malo como su nombre indica: está extinguido. El Erebus está mucho más vivo.

De acuerdo, te creo. ¿Y qué altura tiene ese pico tan curioso?

Unos 3794 m, según la última medición.

Hummm, buena altura. ¿Y sigue lanzando fuego?

Muchísimo. Está bajo su helado exterior y deseando salir. Se sabe por el humo que expulsa por su cresta.

¿Y cuando entró en erupción por última vez?

En 1989.

¿Y es muy violento?

Bueno, puede serlo, pero no recibe muchas visitas, de modo que por lo general no hay nadie por allí para contárnoslo.

Entonces, ¿no es peligroso para los humanos?

Bueno, ha tenido sus momentos. En 1979, un avión que llevaba turistas de Nueva Zelanda a bordo se estrelló contra el monte Erebus y murieron todos sus ocupantes.

A mí no me parece violento. ¿Qué tiene de particular?

Bueno, en el cráter principal tiene un gran lago lleno de lava burbujeante.

¡Uau, ahora te entiendo! Pero si no hay nadie que vaya, ¿cómo sabemos que está allí?

Un explorador escocés, sir James Ross, lo descubrió en 1841.

Afortunado sir James. ¿Qué estaba haciendo allá abajo?

Explorando, idiota. Es lo que suelen hacer los exploradores.

¿Y lo llamó Erebus?

Sí, en otro de sus viajes. Significa infierno.

¡Yo diría que es un nombre muy apropiado!

CONSEJOS DE TÍA LAURA A SU SOBRINO AVENTURERO

Está muy bien que te embarques en estas aventuras emocionantes, pero ya sabes lo mucho que tu tía Laura se preocupa por ti. De modo que he recogido algunos consejos esenciales para hacer que tu viaje sea más seguro. ¡Y no te dejaré ir si no estás preparado!

TÍA LAURA

1 Si el volcán que vas a visitar está activo, TEN MUCHO CUIDADO, podría resultar muy desagradable. Siempre consulta primero a los expertos. ¿Lo harás por mí? Ellos te indicarán un sitio seguro de observación.

¡NO!

2 Bien, ya sé que en esos volcanes hace calor, pero debes prometerme que te abrigarás. Tienes que llevar varias prendas de abrigo, una encima de la otra; un chaleco grueso y térmico sería ideal, querido. Sí, es posible que al pie de un volcán haga calor, pero hazme caso: al llegar arriba, puede hacer frío.

3 Ten cuidado con los ríos de lava y ¡POR NADA DEL MUNDO PONGAS UN PIE ENCIMA! Bueno, a veces parecen una roca sólida por encima, pero créeme, debajo, las rocas pueden estar hirviendo con más intensidad que mis estofados. Y podrías pisarlas.

4 Botas de suela gruesa son lo más adecuado, querido. Sí, incluso en verano. Las rocas volcánicas pueden cortar más que el filo de una navaja; penetrarían a través de esas deportivas tan livianas que sueles llevar.

5 Géiseres y surtidores calientes. Bien, son muy bonitos de ver, ¿verdad?, pero nunca, NUNCA TE SALGAS DEL CAMINO. No se sabe si una delgada costra de lava puede ocultar un charco de agua hirviendo. Pisa en falso y te abrasarás vivo. ¡Y entonces lamentarás no haber escuchado a tu tía Laura!

6 Si estás cerca de un volcán que piensa producir una nube piroclástica, ¡APÁRTATE INMEDIATAMENTE! Siempre ganaría él, te lo aseguro, querido.

7 Si has llegado sin novedad hasta el cráter, ten cuidado con las cúpulas volcánicas que puede haber en su interior. ¡A veces estallan de repente sin previo aviso! Nunca jamás te acerques a uno que tenga menos de diez años.

8 Resulta evidente, pero te lo mencionaré por si acaso. No acampes cerca de los ríos que descienden de los volcanes. No querrás que te arrastre una avenida de barro ahora, ¿verdad, querido?

9 Y lo mejor es que también evites los cráteres llenos de gas. Esos gases volcánicos pueden ser muy venenosos. No podrías aguantar sin respirar el tiempo suficiente para alejarte. Oh, querido, no quiero ni pensarlo.

10 Finalmente, si decides ir, trata siempre con respeto a los volcanes, violentos o no. Al fin y al cabo, nunca se sabe lo que traman. Ah, y no te olvides de mandar una postal a tu tía Laura, ¿eh? Ya sabes cuanto me preocupo por ti. Besitos.

CUIDADO CON EL TIEMPO

Cuando planees tus vacaciones volcánicas no olvides que los volcanes pueden alterar seriamente el tiempo.

Una erupción violenta puede arrojar tanta lava, polvo y gas a la atmósfera que llega a bloquear el sol y baja las temperaturas de todo el mundo durante los años siguientes. En 1816, un año después de la catastrófica erupción del Tambora, en Indonesia, Europa tuvo el verano más frío en 200 años. Y en Norteamérica, la temperatura bajó hasta 6 °C. El viento glacial acabó con las cosechas y hubo hambruna, muerte y enfermedades. Fue conocido como «el año sin verano».

Ir de vacaciones es una cosa, ¿pero te gustaría vivir en un volcán activo? Te vas a sorprender. Hay mucha gente que lo hace.

LA HORRIBLE VIDA EN ALTURA

¿Te imaginas tener un volcán por vecino? ¿No? Pues millones de personas no pueden equivocarse. ¿O sí? Cerca de una décima parte de la población mundial (500 millones de personas) viven cerca de un volcán activo. ¿Por qué? ¿Vale la pena el riesgo que corren? ¿Qué ocurre si el volcán se enfada? Echemos un vistazo a los pros y los contras.

¿Montañas asesinas?

Primero los contras: Lo mires como lo mires tener la casa junto a un volcán puede resultar muy peligroso.

- Sólo en el siglo XX, unas 70.000 personas han muerto a causa de erupciones volcánicas.
- La lava letal puede destrozar todo lo que encuentra en su camino.
- La ceniza y el lodo pueden arrasar el paisaje, destrozar los campos, las granjas, las cosechas, cortar las comunicaciones e interrumpir el transporte. En una erupción violenta, te expones a perder tu casa, tus bienes, incluso la vida. En una noche, un volcán puede convertir tu mundo en un erial. Una región puede tardar cientos de años en recuperarse, si es que lo logra.
- Pueden causar fenómenos siniestros también en la meteorología mundial, como tsunamis (¿recuerdas el Krakatoa?), hambruna y enfermedades. Y puede costar millones y millones recuperar lo perdido en el desastre.

Y luego está la terrible incertidumbre. Los volcanes violentos son impredecibles. Un minuto vives feliz en un paraíso y al siguiente el mundo se ha vuelto hostil. Como los habitantes de Montserrat, una diminuta y bella isla tropical en el soleado

Caribe, que descubrieron en su costa sur, en julio de 1995, el Pico Chance, un volcán dormido que despertó de repente.

PROBLEMAS EN EL PARAÍSO

DIARIO DE ROSIE

¡ATENCIÓN!

18 de julio de 1995

Querido diario,

En mi ciudad están ocurriendo cosas muy extrañas. Hoy, al regresar de la escuela, jugábamos al «Veo-Veo». Mi hermana vio algo que empezaba por N.N. Al cabo de lo que me pareció una eternidad, me di por vencida y ella me dijo «¡Nieve Negra, idiota!». Sólo tiene ocho años y mucha imaginación. De modo que seguí jugando con ella, pero luego vi lo que había querido decir. Parecía humo y salía de las colinas de la Soufrière, detrás de la ciudad (en realidad son más bien montañas) y una lluvia de ceniza empezaba a caer del cielo. La verdad es que parecía nieve negra. En Montserrat no suele nevar nunca, de modo que me asusté bastante.

MI HERMANA

Después de merendar, fuimos a casa de la abuela. Ella sabe todo lo que hay que saber, y le preguntamos por qué la montaña echaba humo.

«¡Oh, no os preocupéis por eso, niñas –dijo–. Los científicos lo aclararán. Para eso les pagamos. Ese viejo volcán ha estado 400 años profundamente dormido y no es probable que vaya a despertarse ahora.»

ABUELA

Sin embargo, no recuerdo haber visto nada como aquel humo y aquella nieve en toda mi vida y eso que llevo aquí diez años enteros.

20 de julio de 1995

Hace ya dos días que no vamos al colegio, de modo que tiene que ser serio. El volcán comienza a entrar en erupción.

Primero empezó a gruñir, luego grandes rocas y piedras salieron disparadas por la cima. Así:
Incluso en pleno día se puso muy oscuro. El señor Dyer, el vecino de la casa de al lado, estaba muy nervioso; nunca le habían visto ponerse así.

Tiene algunos campos en la ladera de la montaña donde cultiva boniatos y zanahorias y cría sus cabras, aunque ahora no puede ir a verlas, parece demasiado arriesgado. Me pregunto qué pensarán las cabras. Mi madre hizo lo imposible por tranquilizarlo, pero su tono de voz no resultaba muy convincente; se le quebraba, y eso suele significar malas noticias.

¿Dónde está mi comida?

El señor Dyer preocupado.

Mamá muy asustada.

26 de julio de 1995

Las cosas van de mal en peor. Nuestra casa está cubierta de ceniza negra y espesa, igual que media ciudad. Es horrible. No me atrevo a respirar hondo para no tragarla. Cuando pusimos la tele, un hombre decía que ahora el volcán podría entrar en erupción de un momento a otro. ¿Qué va a ser de nosotros?

El volcán sigue bufando y resoplando y la cosa se pone fea. Al final, el gobierno dijo que era demasiado peligroso seguir viviendo en Plymouth, la capital de Montserrat, donde vivo yo.

Plymouth

Mi casa

Volcán

¡Mi ciudad natal era peligrosa! Cuesta un poco acostumbrarse a eso. Estaba demasiado cerca del volcán. Tuvimos que trasladarnos a la parte norte de la isla que era más segura. Mi papá cerró nuestra tienda y la casa, recogimos nuestras cosas y nos fuimos. La abuela vino también con nosotros. (No está muy contenta con ese volcán, ¡y aún menos con los científicos!). De hecho, toda la ciudad se ha mudado. Si hubieras visto aquel caos, coches cargados hasta arriba con cajas, maletas, mantas y colchones. Ni siquiera pudimos despedirnos de las cabras del señor Dyer. Y era imposible que las llevase consigo.

Papá

Entonces sí que hubiera sido el caos. Ahora ya llevamos un mes aquí. Todos nuestros amigos están también aquí, de manera que es como estar en casa, excepto que, claro, no tenemos casa. Dormimos en la iglesia y vamos a una escuela instalada en una tienda de campaña. Lo creas o no, papá juega mucho al dominó y cada noche hacen campeonatos.

14 de marzo de 1997

Seguimos en el campamento. Ahora es como una ciudad pequeña con su propia tienda, que lleva mi padre, y un hospital. Nos hemos trasladado de la iglesia a una casa de madera. Es muy bonita, pero estamos apretados, aunque aquí, todo el mundo lo está. Algunas personas que viven en casas enormes han tenido que compartir sus lujosos dormitorios. Otros se han instalado en hoteles de turismo y residencias. Mi papá dice que tienen que pagar aunque no estén de vacaciones. Anoche hubo un concierto gospel en uno de los hoteles. Fue estupendo, igual que la iglesia los domingos. La verdad es que creí que el techo iba a venirse abajo. Era un sonido tan agradable. Es curioso que la gente pueda mostrarse tan alegre cuando las cosas van mal. La abuela dice que la gente pone «Al mal tiempo buena cara» y que en el fondo están todos bastante hartos. Mi mamá dice: «Hay que reír para no llorar».

El volcán SIGUE en erupción. Los campos del pobre señor Dyer deben haber desaparecido sepultados bajo cenizas y rocas. Ahora no sabe lo que hará. (Yo trato de no pensar en las cabras.) Y muchas personas sufren una tos mala por respirar toda esa ceniza. Yo he dejado de preguntar cuándo volveremos a casa. Estaba agotando los nervios de mamá. ¡Y puede que no podamos volver nunca! Todo depende del volcán. ¡Y nadie sabe lo que hará!

Mi hermana y yo

21 de marzo de 1997

Anoche soñé que todo estaba bien. Vivíamos otra vez en casa y todo era normal. El árbol del jardín estaba lleno de mangos frescos y jugosos. Yo estaba en la escuela con mis amigos como si nada hubiera pasado. El cielo era de un azul intenso y las laderas de las colinas estaban salpicadas de flores amarillas y anaranjadas, como de costumbre. Al despertar, me sentí muy bien, pero luego recordé dónde estaba y que un hombre dijo ayer: «En casa todo es gris. Es como penetrar en una fotografía en blanco y negro», y comprendí que nunca íbamos a regresar.

21 de julio de 1997 - Londres, Inglaterra

Han ocurrido tantas cosas durante los últimos meses que no he tenido tiempo de escribir. Un día, de vuelta de la tienda, papá nos dijo que había tomado una decisión. Nos íbamos de Montserrat para vivir en Inglaterra. Mucha gente se ha ido ya y otros se van a Antigua. A continuación nos fuimos en un barco llegado de Inglaterra para emprender nuestro viaje alrededor del mundo. Mi hermana y yo lloramos a moco tendido mientras el barco se alejaba del muelle.

Montserrat se veía muy bonita mientras nos alejábamos,
pero cuando estuvimos más lejos pudimos
ver el humo y comprendí que debíamos
marcharnos. La abuela decidió quedarse.
Dijo que era demasiado mayor para
viajar. Y de todas formas, el
volcán podía volver a
dormirse en cualquier
momento. ¡Todavía no lo ha hecho! Sigue en erupción
y podría haber una gran explosión cualquier día.

Me gusta vivir con mi tío en Londres, ir a una
escuela nueva y todo eso, pero lo que yo quiero es
volver a casa. ¡Aquí hace mucho frío y echo de
menos tantas cosas! Aquí tienes algunas de
ellas:

❀ El vapor que se enfría cuando cae la
lluvia.

❀ Sentir la arena negra entre los dedos de mis pies en la playa
(solíamos ir a pie desde nuestra casa). La arena es negra por
los volcanes.

❀ El mar turquesa y tropical e ir a pescar con
mi papá.

❀ verbenas en la calle los viernes por la noche (solía contemplarlas
desde la ventana de mi dormitorio).

❀ Vestirme bien para ir a misa los domingos.
El estofado y la tarta de azúcar de miabuela,
hecho con coco fresco, ñam.
Pero por encima de todo, echo de menos a mi
abuela.

← Estofado   ← Tarta de azúcar

> Supongo que me acostumbraré a vivir aquí, pero no puedo dejar de soñar que estoy en casa y sentirme decepcionada al despertar.
> Rosie, edad 12 años y $^1/_2$

¿Gigantes grandotes y simpáticos?

Conociendo el peligro ¿por qué diantres alguien quiere vivir cerca de un volcán activo? Te sorprenderás.

Magma, lava y cenizas, Agentes Inmobiliarios

SE VENDE

Casa con algo de ceniza. Espléndidas vistas al valle. Jardín-terraza en pendiente. Con bunker a prueba de volcanes. Es probable algún hundimiento.

Algunas razones candentes para vivir cerca de un volcán

1   Suelo extraordinariamente fértil. El suelo volcánico es el más fértil de la tierra, sobre todo después de una ligera lluvia de ceniza. Contiene todos los nutrientes que ayudan a crecer las plantas. Desde la antigüedad, los volcanes han sido cultivados y hoy proporcionan sustento a millones de personas.

BANCALES DE CULTIVO — GRANJERO — CENIZA — BANCAL

Por ejemplo, algunos de los más ricos cultivos de arroz en Indonesia crecen a la sombra de volcanes activos. Son tan fabulosamente fértiles que los granjeros pueden obtener hasta tres cosechas, y no solo una, cada año. Desde los días de Pompeya, se han criado buenas cepas en los viñedos volcánicos de las laderas del Vesubio, sin mencionar el café en las laderas de los volcanes de América central. Claro que no se puede tener demasiado de lo bueno. Si la capa de ceniza es demasiado gruesa, de unos 20 cm o más, mata todos los cultivos.

2 Calefacción central barata. En las regiones volcánicas, las aguas subterráneas alcanzan temperaturas superiores a los 150 °C y puede ser bombeada directamente a las casas para el aseo y la calefacción central. O ser convertida en electricidad. A esto se le llama energía geotérmica, y es barata, limpia y no se acaba. ¡No es de extrañar que a los geógrafos les encante! Quiero decir que, en lugares como Islandia, puedes zambullirte en pleno invierno en una piscina de agua termal. ¡Y al aire libre! O comer frutas tropicales como plátanos y piñas cultivadas en invernaderos geotermales.

¡LE DIJE QUE SE DIERA PRISA EN ZAMBULLIRSE!

3 Montones de lava. La lava es de lo más útil. Para empezar, puedes:

- Vivir en ella. Desde el siglo IV a.C., la gente de Capadocia, Turquía, han excavado sus casas, e incluso iglesias, en el interior de conos de lava. Es fácil de cavar, fuerte, incombustible y un aislante excelente (te mantiene caliente en invierno y fresco en verano). ¿Qué más se puede pedir?

- Lavar tus tejanos con ella. ¿Sabes esos tejanos que tu papá sigue llevando y que antes eran tan elegantes? Pues bien, fueron lavados ¡con piedra pómez!
- Enseñar a tu gato a que haga sus necesidades en ella. La mayoría de camas para gatos son en realidad de ceniza volcánica. Es fabulosa para absorber esas cosas que hacen los gatos.
- Mejorar tu aspecto (bueno, por lo menos el de tus pies.) Si tienes problemas de piel dura, frótatela con piedra pómez. Se ha usado durante siglos. De hecho, unos arqueólogos quedaron asombrados mientras trabajaban en una excavación, pensando que el lugar había sido bombardeado con piedra pómez durante una erupción. Pero el caso es que no había ningún volcán cerca, Entonces se dieron cuenta de que probablemente las personas que vivieron allí habían estado utilizando piedra pómez para suavizar su piel durante siglos, comprándola a los comerciantes romanos que estaban muy lejos de su casa.

ZAPATILLAS DE
PIEDRA PÓMEZ

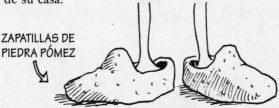

SUAVIZAN TUS PIES MIENTRAS ANDAS

4 Magníficos bloques para edificar. Las rocas formadas por la ceniza volcánica se llaman toba y son duras por naturaleza. Cortadas en bloques son ideales para la construcción. Casas, carreteras, puentes, lo que quieras. Y el cemento. Fueron los romanos los que inventaron el hormigón y cambiaron radicalmente la técnica de la construcción, edificando estructuras que hoy en día aún siguen en pie. ¿Y cuál es el elemento secreto del cemento? Polvo volcánico, si no lo has adivinado. Sin los volcanes, no tendríamos esos edificios como el Coliseo, el Panteón o las vías romanas que nombra constantemente tu profesor de historia.

5 Metales maravillosos. ¿Qué tienen en común el cobre, el plomo, el estaño, la plata y el oro? La respuesta es que se encuentran todos en el magma. Sacar esos metales de las minas es un gran negocio, aunque es mejor esperar a que el volcán se enfríe. También se puede encontrar oro en los ríos ardientes volcánicos.

6 Gemas espléndidas. Encontrarás unas gemas tan espléndidas como los diamantes en las rocas volcánicas (se llaman kimberlita) si tienes suerte y el volcán se extinguió hace por lo menos un par de millones de años. Los diamantes se forman en las entrañas de la tierra y son expulsados por los volcanes, especialmente en África del Sur y en el oeste de Australia. Incluso más precioso aún es el berilio rojo de Utah, en EE.UU. ¡Consigue uno pequeñito y te harás rico!

BERILIO ROJO
DE UTAH

TÍA BERILIA
DE BOGNOR

7 Azufre. Cuando los gases volcánicos sulfurosos se enfrían, forman cristales de azufre de un color amarillo brillante. Se ven alrededor de los arroyos ardientes y de las fumarolas. Hay minas de azufre en Italia, Chile y Japón. Se utiliza para hacer cerillas, pólvora, tintes y ungüentos. (¡Apesta!) Es lo mismo que se utiliza para fabricar bombas fétidas. También se añade al caucho para endurecer los neumáticos. A este proceso se le llama vulcanización.

Dato escalofriante
Si todo lo demás falla, ¿por qué no ahorrar electricidad y utilizar tu volcán como horno? Es lo que hacen los habitantes del monte Unzen, Japón. ¡Olvida el reloj de arena para medir el tiempo de cocción de los huevos y del agua hirviendo! Ellos utilizan el vapor caliente que surge del volcán para preparar huevos duros.

Sanidad: Aviso importante

Si estás pensando en arriesgar tu vida viviendo en la lava, has de tener mucho cuidado. Muchísimo. ¿Cómo vas a saber cuando un volcán violento está a punto de entrar en erupción? Aquí tienes algunas señales de advertencia que debes tener muy en cuenta.

PENACHOS DE VAPOR Y CENIZA: AL PRINCIPIO DÉBILES Y LUEGO SE HACEN MÁS FUERTES.

PROTUBERANCIAS: A MEDIDA QUE EL MAGMA SUBE, EL VOLCÁN SE HINCHA. VIGILA LOS BULTOS Y PROTUBERANCIAS QUE APARECEN, COMO EN EL SAINT HELENS (VER PÁG. 7)

CHIMENEAS LATERALES: CUANDO ENTRA EN ACCIÓN SE ABREN Y ESCUPEN LAVA.

RÍOS CALIENTES Y FUMAROLAS: MÁS FRECUENTES A MEDIDA QUE AUMENTA EL CALOR.

CAEN ROCAS: LA CAPA ROCOSA SE CUARTEA BAJO EL CALOR Y LA PRESIÓN. TAMBIÉN FLUYE EL AGUA DE LOS GLACIARES QUE EMPIEZAN A DERRETIRSE.

TEMBLORES: ANTES DE UNA ERUPCIÓN VIOLENTA SON FRECUENTES LOS MINITERREMOTOS MASIVOS. DEMUESTRAN QUE EL MAGMA SUBTERRÁNEO COMIENZA A MOVERSE. EL TÉRMINO TÉCNICO PARA ESA SERIE DE TERREMOTOS ES «EN ENJAMBRE» (COMO EL DE LAS ABEJAS, POCO MÁS O MENOS).

FUERTES RUIDOS: COMO DISPAROS, PERO EN REALIDAD SON PEQUEÑAS EXPLOSIONES. LOS VOLCANES TAMBIÉN GRUÑEN, SILBAN, SISEAN, HACEN PUM, YA TE LO IMAGINAS: TODO LO QUE PUEDE ACABAR CON TUS NERVIOS.

Otras señales delatoras son:

- Ladridos: Se dice que los perros se ponen nerviosos antes de una erupción.

- Humos malolientes: Gases tóxicos se elevan con el magma. Son muy peligrosos. Cuando esos gases lleguen a tu nariz podría ser demasiado tarde. Unos huelen peor que otros. Por ejemplo, el dióxido de azufre huele a huevos podridos. Algunos son ácidos que pueden manchar o agujerear tu ropa (y tu piel). Pero el más letal de todos, el dióxido de carbono, es inodoro, lo que lo hace muy difícil de detectar.

La terrible (y verdadera) historia del lago asesino

La noche había caído el 21 de agosto de 1986 en la localidad de Lower Nyos, Camerún. La mayoría de sus habitantes se hallaban profundamente dormidos y no oyeron las pequeñas explosiones del cercano lago Nyos. Aquéllos que las oyeron no les dieron importancia. Nadie se daba cuenta del terrible peligro que corrían.

El ruido era la señal de que emanaba del lago una nube enorme de gases venenosos de 50 m de espesor. Estos humos letales cubrieron el valle en silencio, ocasionando la muerte por asfixia a 1700 personas. Sólo en Lower Nyos murieron 1200. El puñado de supervivientes contaron que habían visto caer desplomadas a las personas mientras comían o charlaban. La mañana iluminó otra escena desoladora: los campos alrededor de Lower Nyos estaban sembrados de los cadáveres de miles de cabezas de ganado. El 21 de agosto había sido día de mercado. Ni moscas ni buitres revoloteaban sobre los cuerpos como era de esperar. También ellos habían caído al paso de la nube asesina.

Los gases provenían del lago Nyos, un lago pequeño y profundo que se había formado en el cráter de un volcán. Durante cientos de años, los gases tóxicos que emanaban del volcán se habían ido concentrando en el fondo del lago. El gas principal era el dióxido de carbono, el más venenoso de todos, que no fue detectado por ser inodoro. En aquella fatídica noche de agosto algo ocurrió en el lago que disparó los gases. Fuertes lluvias o un pequeño terremoto habían removido el agua, llevando los gases a la superficie, Pero nada se sabe con certeza. Fuera cual fuese la causa que puso en marcha la nube asesina, los resultados fueron catastróficos. Asfixió a todo ser vivo que encontró a su paso hasta que fue disuelta por el viento y la lluvia. Miles de personas huyeron de sus casas demasiado aterradas para seguir viviendo junto al lago ni un minuto más.

Desgraciadamente, los signos de advertencia no siempre son de fiar. Cada volcán actúa de forma distinta. Una erupción violenta puede durar minutos, meses o incluso años. Y aunque a menudo hay falsas alarmas, nunca se puede estar seguro. Unas veces no avisan, aunque uno sepa todo lo que hay que observar.

Si un volcán violento entra en erupción, poca cosa puedes hacer. Excepto apartarte de su camino. ¡Y deprisa! Si luchas contra uno, siempre llevas las de perder. Bueno, casi siempre. Algunos tipos valientes han vencido a los volcanes. Otros lo intentaron y fracasaron. Otros lo siguen intentando. Normal, ¿no?

El Gran Globo

12 de mayo de 1902, Martinica, Indias Occidentales

UN PRISIONERO ESCAPA GRACIAS A LA ERUPCIÓN

En medio de las desastrosas consecuencias de la devastadora erupción de la semana pasada, un asombrado prisionero celebra hoy haber escapado milagrosamente de la muerte. En una entrevista con este diario, ese hombre, Augusto Ciparis, le dijo al reportero: «Debo ser el hombre más afortunado con vida.»

Vaya si fue afortunado. Condenado a morir el 9 de mayo al amanecer, Ciparis pasaba sus últimos días en una celda semejante a una mazmorra en la cárcel de St. Pierre. Afortunado, porque en la antes bulliciosa ciudad de St. Pierre, fue uno de los dos únicos supervivientes.

Entretanto, en la isla se luchaba por hacer frente a la terrible tragedia. El monte Pelée, dormido durante si-

¡LIBRE!

93

glos, ha dado señales de actividad durante varias semanas. A mediados de abril, una refinería de azúcar de la parte alta de una de las laderas quedó destruida durante una erupción menor. El 25 de abril, una lluvia de ceniza cayó como nieve fantasma sobre St.Pierre, convirtiendo el día en noche. Las autoridades continuaron diciendo que no había nada que temer. Pero, a las 7.45 de la mañana del 8 de mayo, el volcán dormido tuvo un despertar poco agradable. El acontecimiento que hizo temblar la tierra fue presenciado por Fernando Clerc, un rico hacendado de St. Pierre. Impulsado por una corazonada, él y su familia habían hecho las maletas y

EXPLOSIÓN DEL MONTE PELÉE

abandonado la ciudad. Fueron los únicos que lo hicieron. Desde una distancia segura, contemplaron con horror cómo todo el lado sur de la montaña cedía de pronto lanzando una enorme nube negra.

«Sonó como cien cañones a la vez −nos contó el señor Clerc−, disparando rocas y vapor abrasador». Luego pasó a describir cómo ante sus aterrados ojos, aquella infernal nube de ceniza, rocas y fuego (conocida técnicamente como nube piroclástica) bajaba por la ladera a una velocidad increíble «como un huracán de fuego» y se tragaba todo lo que hallaba a su paso.

En cuestión de segundos, llegó a St. Pierre. No había escapatoria. Algunas personas murieron por asfixia, otras sepultadas, otras quemadas. Perecieron todos menos dos de los 30.000 habitantes de la ciudad (aparte de Ciparis, otro hombre que sobrevivió escondido simplemente debajo de su banco de trabajo). Después, la nube mortal llegó al mar donde hizo hervir el agua. En el muelle, los barcos rompieron amarras y se hicieron a la mar.

La pesadilla continuó durante siete horas terribles.

ST. PIERRE EN RUINAS

Por fin el monte Pelée volvió a la calma de nuevo.

Cuatro días más tarde, Augusto Ciparis fue encontrado en su celda entre las ruinas quemadas de St. Pierre, pidiendo todavía socorro con voz débil.

Quizá fue el único ser viviente al que el volcán trajo suerte.

Desde entonces fue libre: sus acusadores, lo mismo que sus posibles ejecutores, habían muerto.

Dato escalofriante

Una de las serpientes más venenosas del mundo es la Fer de Lance (Bothrops atrox). *Suele habitar en las selvas tropicales de América Central y del Sur. Esta serpiente sólo clava los colmillos en la carne humana si es molestada, pero cuando muerde, la víctima muere. (Es increíble que algunas personas de la localidad las cacen para dispararlas contra sus enemigos utilizando para ello una cerbatana especial.) Cuando el Pelée entró en erupción, 50 personas murieron al ser mordidas por las Fer de Lance irritadas por el ruido y la confusión.*

Salvado entre barrotes

La violenta erupción del volcán Pelée está considerada como uno de los mayores desastres volcánicos del siglo XX. ¿Y Augusto Ciparis? Más adelante llegó a ser una celebridad, recorriendo el mundo con un circo. (Se hacía llamar Ludger Sylbaris. ¡Por algo sería!) Salvó la vida gracias a las gruesas paredes de su celda. Muchos años después este hecho proporcionó una buena idea a los científicos. Utilizando la celda de Ciparis como modelo, diseñaron un tipo nuevo de refugio contra volcanes. Si quieres hacerte uno, aquí tienes lo que debes hacer.

Necesitarás:
- Un tubo largo de cemento de unos 2 m de diámetro.
- La ladera de una montaña (volcánica).

Cómo debes hacerlo:

1 Enterrar el tubo en la montaña de esta manera:

2 Poner una puerta en un extremo.

3 Almacenar ahí comida en conserva, sacos de dormir, libros, máscaras de gas, un abrelatas, etcétera.

¿QUÉ LLAVE ES?
¿QUÉ LLAVE ES?

4 A la primera señal de erupción, baja al refugio. ¡Bien sencillo! Pero, aunque creas que estás a salvo del volcán, puede que no lo estés tanto como piensas. Tal vez te imaginas que un avión de reacción sería el lugar perfecto, pero te equivocas.

96

Pudo ser una catástrofe aérea

«Buenas tardes, señoras y caballeros, les habla el capitán, Eric Moody. Esperamos que disfruten de la cena. Tal vez les interese saber que, aunque en el exterior es de noche, si miran por las ventanillas, las luces que verán abajo pertenecen a la isla de Sumatra, Indonesia. Ahora nos dirigimos a Java, volando a una altura de 11.500 m. Nos esperan algunas horas de viaje, así que acomódense y disfruten de la película.»

Todo parecía perfectamente normal.

Era el 24 de junio de 1982. Vuelo 009 del Boeing 747-200 de *British Airways* en ruta desde Malasia a Perth, Australia, con 247 pasajeros y 16 miembros de la tripulación a bordo. Y todos iban a llevarse un susto tremendo.

El Capitán Moody acababa de abandonar su asiento para dirigirse a los pasajeros, cuando su copiloto le llamó para que volviera a la cabina de mando. A través del cristal pudieron contemplar un asombroso espectáculo luminoso, como un increíble castillo de fuegos artificiales. Algo sobrecogedor.

Luego siguieron una serie de acontecimientos extraordinarios. Primero falló uno de los cuatro motores, cosa no demasiado rara y, como quedaban otros tres motores, la tripulación no se preocupó mucho. Pero, después, inexplicablemente, uno tras otro los otros tres motores fallaron también. En el espacio de un minuto, los cuatro motores habían dejado de funcionar. Lo imposible había ocurrido.

El capitán envió una llamada de socorro en seguida: «Jakarta, Jakarta. *¡Mayday! ¡Mayday!* Aquí vuelo 009. Hemos perdido todos los motores. Repito, hemos perdido todos los motores».

La primera señal que tuvieron los pasajeros del peligro fue que el haz de luz del proyector de cine pareció llenarse de humo. El capitán Moody hizo un breve anuncio.

«Señoras y caballeros, tenemos un pequeño problema. Hemos perdido los cuatro motores. Vamos a hacer lo imposible para volver a ponerlos en marcha. Confiamos en que no se preocupen demasiado.

Poco a poco, el humo se hizo tan denso que obligó a utilizar las máscaras de oxígeno. Luego se apagaron todas las luces. Durante los minutos siguientes, el avión descendió miles de metros mientras la tripulación intentaba en vano volver a poner en marcha los motores.

Los aterrados pasajeros permanecían sentados en aquella oscuridad absoluta y en aquel silencio sólo roto por los crujidos fantasmales del fuselaje, porque, como no había energía, tampoco había aire acondicionado ni ruido. Estaban convencidos de que iban a morir.

Durante 16 minutos se paralizaron todos los corazones mientras el avión perdía altura. Parecía una eternidad, pero luego, a unos 4000 m, uno de los motores se puso en marcha de repente. Después siguió otro. Luego el tercero y el cuarto empezaron a funcionar con un rugido. También rugieron los pasajeros; algunos tenían lágrimas en los ojos. Su alivio fue inmenso.

La tripulación se preparó para un aterrizaje de emergencia en el aeropuerto de Jakarta. A pesar de la escasa visibilidad (el parabrisas estaba cubierto de ceniza incrustada), el avión aterrizó con suavidad y sin problemas. Gracias a la experiencia de los pilotos, los asustados pasajeros se salvaron afortunadamente.

Lo que el capitán Moody no sabía era que la causa del fallo de los motores fue una enorme nube de ceniza de la erupción del Galunggung, un volcán de Java. El avión había penetrado en ella y sus motores, al absorber la ceniza, dejaron de funcionar.

Mientras el avión caía, los motores volvieron a funcionar porque el aire expulsó la ceniza. ¿Por qué la tripulación no vio la nube? En primer lugar era de noche, de modo que no podían verla, y tampoco apareció en la pantalla de radar. Y, aunque el Galunggung había estado vomitando ceniza varios meses, nadie pensó en advertirles.

¡Que no cunda el pánico! Las cosas han mejorado desde entonces. Los pilotos han aprendido a distinguir las señales de advertencia. En ellas se incluye el fuego de San Telmo, los fuegos artificiales que vieron los tripulantes. Es una especie de luminosidad que se forma en una nube de ceniza cuando las partículas de ceniza rozan entre sí y se van cargando de electricidad, y de un fuerte olor a gases sulfurosos que huelen a huevos podridos. Por tanto, en vez de **1** acelerar y elevarse para tratar de sacudir la ceniza de los motores y **2** intentar salir de la nube, cosa que no siempre es posible puesto que algunas nubes de ceniza llegan más arriba de la altitud que puede alcanzar un avión, se les dice **1** que aminoren la marcha para bajar la temperatura dentro de los motores e impedir que la ceniza congelada no se derrita y los ahogue más y **2** que den media vuelta y salgan de la nube.

Mientras, abajo en tierra...

Para detener la avenida

Imagínate la escena. La lava avanza hacia ti, tu casa está amenazada y todos tus CD y tu colección de sellos de incalculable valor, están a punto de convertirse en humo. Tienes que actuar con rapidez. Pero ¿qué puedes hacer? ¿Es posible parar la avenida de lava o siquiera desviarla para que no te cause daño? Aquí tienes algunos métodos que se han probado, pero ¿dan resultado? Decide qué método te parece mejor y luego comprueba la solución en las páginas 103-5.

1 Construir un muro. Se han hecho muchos intentos para desviar los ríos de lava bloqueando su paso con una pared o barrera. La idea es que así la lava se va amontonando por un lado del muro y luego desciende suavemente cuando pasa por encima.

2 Desviar su camino cavando. En 1669, en el Etna, los obreros atacaron un río de lava con picos y palas para intentar desviarlo de su ciudad.

3 Bombardeándola. A veces la superficie de la lava se enfría y forma una corteza mientras sigue fluyendo caliente por debajo. Elige el momento y deja caer la bomba. La idea es que la bomba rompa la corteza y haga que fluya más despacio al mezclarla con tarugos de lava sólida, lo que hace que la lava se escurra por los lados y debilite la fuerza de la avenida. ¡Esperemos que así sea!

4 A manguerazos. Utiliza una manguera y dirige el chorro de agua fría hacia la lava para hacer que se endurezca y se convierta en roca dura. Así detendrá su marcha, o por lo menos conseguirás desviar su curso.

En enero de 1973, los isleños de Heimaey, en Islandia, observaron con espanto cómo se abría una grieta enorme de 2 km de longitud en un extremo de la importante ciudad de Vestmannaeyjar. En unos días, las entrañas ardientes de la Tierra habían generado un volcán de más de 200 m de altura en un lugar donde antes había un prado tranquilo. Una lluvia densa y negra de ceniza caía sobre la ciudad. Miraras donde mirases, había fuego. Pero lo más espantoso de todo era el enorme río de lava que avanzaba lento, pero inexorable, hacia el puerto. Sin el puerto se acabaría la industria pesquera... y Heimaey. La mayoría de isleños huyeron para ponerse a salvo, pero un grupo de hombres se quedaron dispuestos a luchar. ¿Qué diantres podían hacer para desviar el río de lava? Los días pasaban. Luego las semanas. El tiempo se agotaba, pero entonces alguien tuvo una idea. Organizaron un equipo contra incendios y pusieron manos a la obra, lanzando contra la lava millones de litros de agua de mar con las mangueras. ¿Pero dio resultado?

5 Desviarla. Cuando el Etna entró en erupción entre 1991 y 1993, vulcanólogos valientes construyeron un nuevo canal junto al río de lava. Luego utilizaron explosivos para cortar el río de lava. La idea era que los explosivos lo desviaran hasta el canal de construcción casera.

6   Ofrecer un sacrificio. Si todo lo demás falla, siempre puedes probar con una plegaria breve o un sacrificio. Es lo que la gente de Hawai ha estado haciendo durante años. Ellos dicen que Kilauea es el hogar de Pele, la diosa que vive dentro del cráter del volcán. Puedes ver su aliento en el vapor. Cuando se enfada, da una patada en el suelo y hace que el volcán entre en erupción. (Es evidente que tiene mal genio. El Kilauea está casi constantemente en erupción.) También envía ríos de lava hirviente para destruir a sus enemigos. Para tenerla contenta (y quieta) la gente arroja ofrendas al cráter. ¿Es posible que alguna de esas ofrendas dé resultado?

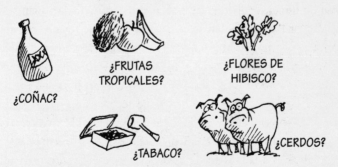

¿Qué es lo que da mejor resultado?
1   No es del todo fiable, pero no es un mal comienzo. A veces funciona, pero podría reventar el muro como ocurrió cuando

el Etna entró en erupción en 1983. Pero cuatro barreras enormes (hechas de roca volcánica y ceniza) resistieron lo suficiente como para desviar la lava y evitar que destrozara muchos edificios importantes.

2 No es buena idea si quieres seguir conservando la amistad de tus vecinos. La operación de 1669 pudo haber salvado una ciudad, pero puso a otra en peligro. Hubo muchas discusiones, y un decreto real obligó a todo el mundo a dejar la lava en paz so pena de ser castigado.

3 Es una idea inteligente. Este proceso ha sido utilizado varias veces en Hawai. En 1935, un río de lava del Mauna Loa fue bombardeado. El río se partió y se llenó de tarugos de lava, pero los científicos no llegaron a saber si el bombardeo fue efectivo porque la erupción continuó y cesó cuando quiso. En 1942, la misma idea fue utilizada en el monte Pelée, pero la gente de la localidad se disgustó porque consideraron que la bomba podría ofender a Pele, diosa del fuego, y la única (en su opinión) capaz de detener el río de lava. (Ver pág. 48 para más detalles acerca de Pele.)

4 Bien, se tardó semanas, semanas y semanas. Pero, al final, ante un inmenso alivio (y gran asombro), ¡su peligroso plan funcionó! Por Pascua, se detuvo la lava. El frente de la nube se había enfriado deprisa, endureciéndose y obligando a la lava a cambiar de dirección. No sólo habían salvado el puerto, sino que estaba mejor que antes. La lava alargó la pared del muelle, dándole más protección contra las olas. La isla fue reconstruida y los isleños pudieron volver a sus casas. ¿Un final feliz? Hasta la próxima vez.

5 De acuerdo, en realidad no la detuvo, pero al desviar la lava salvaron a la ciudad de Zafferng que es a donde se dirigía originalmente.

6 Todo esto fue puesto en práctica, ¿pero dio resultado? Bueno, el coñac fue muy efectivo. Cuando el Mauna Loa (otro volcán a cargo de Pele) entró en erupción en 1881, un río de lava amenazaba una ciudad cercana. La nieta del rey fue obligada a intervenir. Valiente como ninguna, avanzó decidida hacia la lava y la roció con una botella de coñac. Al día siguiente, se detuvo. Y en cuanto a los cerdos, eran una cuestión de amor/odio. La leyenda dice que Pele estuvo a punto de casarse con Kamapua, el hombre-cerdo, pero todo acabó en lágrimas. Ella le dijo que era feo. Él apagó su fuego con niebla y lluvia. La discusión continuó. Al fin, los dioses tuvieron que intervenir y poner punto final antes de que la isla quedara sumida en la oscuridad.

Anótate un punto por cada respuesta correcta del 1 al 5 y un punto por cada respuesta correcta a la pregunta 6.

Dato escalofriante

Olvida las bombas, diques y botellas de coñac. Si de verdad quieres aprovechar el tiempo, sólo hay una persona que pueda ayudarte y es San Januarius. Fue un obispo del siglo III que sacaba de quicio a los romanos y que echaron a las fieras salvajes para que les sirviera de desayuno. Pero era tan santo que ninguna de las bestias le tocó. A pesar de todo, el pobre obispo fue decapitado. Más tarde fue santo patrón de Nápoles donde su cráneo se conserva en una capilla. Es decir, excepto cuando el Vesubio da señales de querer entrar en erupción. Entonces es sacado de allí para ser agitado delante de la misteriosa montaña. Se dice que ante el hueso del santo, el volcán se apacigua. Por lo menos lo hizo en los años 685, 1631 y 1707.

¿Cuánto has sacado? ¿Menos de cuatro? Pues sabes tanto de los volcanes como la mayoría de científicos. Con más de cuatro, nunca se sabe, pero podrías llegar a ser un vulcanólogo genial. La vulcanología no sólo son batas blancas y tubos de ensayo: es la vida real, ciencia inteligente...

ESTUDIO DE VIOLENTOS VOLCANES

A los científicos que estudian los volcanes se les llama vulcanólogos. Recorren el mundo para descubrir la causa que hace tan violentos a los volcanes. No es tan fácil como parece. El estudio de los volcanes es muy peligroso, y más difícil aún predecir cuándo van a entrar en erupción. ¿Entonces por qué lo hacen? Buena pregunta. Cuanto más sepamos de los volcanes mejor para todos. Sobre todo para los que viven cerca. Ser capaces de pronosticar las erupciones con exactitud salvaría miles de vidas, pero la buena respuesta es que, los ames o los odies, es imposible ignorar los volcanes violentos.

¿Te gustaría ser vulcanólogo?

¿Tienes lo que se necesita para ser un buen vulcanólogo? Responde a estas preguntas para averiguarlo.

1 ¿Te dan vértigo las alturas? Sí/No
2 ¿Eres fuerte y estás en forma? Sí/No
3 ¿Eres buen fotógrafo? Sí/No
4 ¿Te sienta bien la máscara antigás? Sí/No

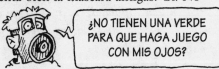

5 ¿Sabes calcular la edad de un árbol por los anillos del tronco? Sí/No

6 ¿Conoces los minerales? Sí/No

7　¿Te gusta viajar? Sí/No

8　¿Tienes buena ortografía? Sí/No

9　¿Estás dispuesto a no tener horario fijo? Sí/No

10　¿Estás loco? Sí/No

¿Cómo te ha ido?

8-10 síes. ¡Excelente! El empleo es para ti si lo quieres. Sigue leyendo para que sepas lo que has de vestir.

5-7 síes: No está mal. Pero quizá fuese mejor que hicieras algo menos explosivo.

4　síes o menos: ¡Olvídalo! La vulcanología no es para ti. Prueba otra cosa. ¡Por ejemplo, ser profesor!

Respuestas:

1 Hay que tener la cabeza bien firme, nada de vértigo, pues algunos volcanes tienen una altura tremenda. Hay que subir mucho para llegar a la cima del volcán más alto del mundo, el Guallatiri, en Chile, que tiene 6060 m de altitud. Su última erupción importante fue en 1987.

2 Tienes que estarlo, hay que escalar muchísimo (ver arriba). Si estás flacucho y débil no podrás soportar el peso de tu equipo. Ni siquiera de las muestras de rocas pesadas. ¡Es hora de poner a punto esa musculatura!

YO EMPEZARÉ POR ESTA PEQUEÑITA.

3 No es esencial, pero sí útil para enseñar después las fotos.

4 Te guste o no, tendrás que llevarla. Los volcanes desprenden muchísimos gases, la mayoría muy venenosos. Y recoger muestras de gas es una parte importante de tu trabajo.

5 Si sabes te será muy útil. Una de las tareas del vulcanólogo es descubrir erupciones anteriores, lo cual te dará una pista acerca del futuro del volcán. Cada año al tronco le crece un anillo nuevo. Por lo general es liso y redondo. Pero si el árbol ha sido alcanzado por la ceniza, ese anillo puede ser muy delgado y rugoso.

6 Si no sabes distinguir el basalto de las sales de baño no vas a servir de nada. Como sabe todo buen vulcanólogo, el basalto es la roca ígnea (eruptiva) que se forma cuando la lava se enfría. Y las sales de baño son esas cosas que se echan a la bañera para que huelas mejor (qué vana esperanza).

7 Ayuda. Para investigar y conocer a los volcanes pueden enviarte a cualquier lugar, desde la gélida Antártida a la calurosa Hawai.

8 También ayuda. El vocabulario volcánico tiene palabras muy difíciles. Por ejemplo una erupción «freatomagmática». (¡Tómalo con calma!) Entre tú y yo, es una erupción de gases y vapor, con algo de megamagma añadido para mejorarla. (¡Pues eso!)

9 Nadie sabe con exactitud cuándo o dónde es probable que entre en erupción el próximo volcán, de modo que un vulcanólogo tiene que estar dispuesto a abandonar su casa en cualquier momento.

10 No es imprescindible, pero ayuda. Después de todo ¿quién si no iba a llevar a cabo un trabajo donde te arriesgas a ser lanzado por el aire, o achicharrado o abandonado a merced de una diosa del fuego enfurecida?

Equipo adecuado

Si quieres ser un buen vulcanólogo necesitas vestir adecuadamente. La seguridad es más importante que el aspecto. Nuestro AVA te presenta las últimas novedades para vulcanólogos.

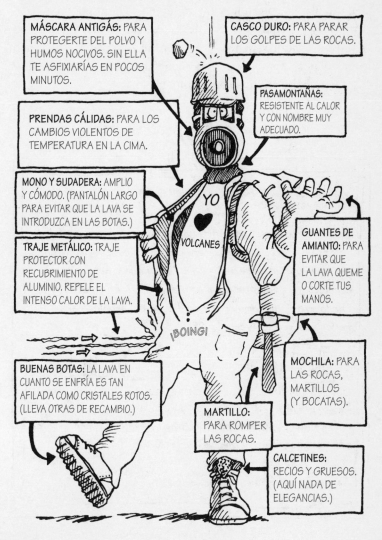

MÁSCARA ANTIGÁS: PARA PROTEGERTE DEL POLVO Y HUMOS NOCIVOS. SIN ELLA TE ASFIXIARÍAS EN POCOS MINUTOS.

CASCO DURO: PARA PARAR LOS GOLPES DE LAS ROCAS.

PASAMONTAÑAS: RESISTENTE AL CALOR Y CON NOMBRE MUY ADECUADO.

PRENDAS CÁLIDAS: PARA LOS CAMBIOS VIOLENTOS DE TEMPERATURA EN LA CIMA.

MONO Y SUDADERA: AMPLIO Y CÓMODO. (PANTALÓN LARGO PARA EVITAR QUE LA LAVA SE INTRODUZCA EN LAS BOTAS.)

TRAJE METÁLICO: TRAJE PROTECTOR CON RECUBRIMIENTO DE ALUMINIO. REPELE EL INTENSO CALOR DE LA LAVA.

GUANTES DE AMIANTO: PARA EVITAR QUE LA LAVA QUEME O CORTE TUS MANOS.

YO ♥ VOLCANES

¡BOING!

BUENAS BOTAS: LA LAVA EN CUANTO SE ENFRÍA ES TAN AFILADA COMO CRISTALES ROTOS. (LLEVA OTRAS DE RECAMBIO.)

MOCHILA: PARA LAS ROCAS, MARTILLOS (Y BOCATAS).

MARTILLO: PARA ROMPER LAS ROCAS.

CALCETINES: RECIOS Y GRUESOS. (AQUÍ NADA DE ELEGANCIAS.)

¿Qué diantres hace un vulcanólogo?

Nuestro AVA, pertrechado con el equipo completo, está dispuesto a entrar en acción. Ha escogido un volcán en el que trabajar. Ha llegado a conocer bastante bien su antigüedad midiendo, calculando, picando y hurgando en cada grieta y en cada roca. Hay un equipo entero de AVAs que trabajan juntos en el mismo volcán y tienen la base en un observatorio cercano. Son un poco como detectives o médicos, excepto que todos han de trabajar en un solo paciente gigante.

Guía del doctor AVA para sanar un volcán

1: Averigua sus problemas anteriores

Es evidente que el paciente no habla, pero puede decírtelo de otra manera. Yo normalmente procuro descubrir lava de alguna erupción anterior y calcular su edad. Así puedo averiguar algo más de cómo actuará el volcán en el futuro. Puedo examinar también los anillos de los árboles para tener más pistas (ver pág.108).

2: Examina al paciente a conciencia

En realidad, puedo tomarle el pulso al volcán, pero es algo más complicado que tomárselo a un humano.

Así es como lo hago ¡más o menos!

(sigue)

a) Coge un par de muestras de gas (el volcán desprende más cantidad de gas antes de entrar en erupción).

b) Toma su temperatura. Aunque ten cuidado con los dedos. ¡La lava puede estar a 1000 °C!

c) Observa si hay protuberancias o hinchazones que aumenten de tamaño.

d) Presta atención por si oyes algún ruido sordo. Son señales de temblores.

e) Coge algunas muestras de lava y rocas. Dicen mucho acerca de su edad, tipo y textura.

3: Prepara tu diagnóstico

Utilizando toda esta información puedo deducir el comportamiento «normal» del volcán. Así puedo precisar (es un decir) cuando empezará su actividad.

4: Encuentra el remedio

Ah sí, ésta es la parte más difícil. Hasta ahora nadie ha dado con un plan para curar a los volcanes de su terrible manía de reventar. Por bueno que sea tu diagnóstico no impedirá que el volcán entre en erupción, pero puedes advertir a la gente que vive cerca para que se quiten de en medio ¡a toda prisa!

¡CORRED!

Instrumentos increíbles

Cuando se trabaja con volcanes, un estetoscopio no sirve de mucho, pero hay una serie de aparatos con nombres impresionantes que pueden ayudar.

1 Satélite. Es mucho más grande que el que envía información a la parabólica que está en el tejado de tu casa, y puede percibir los movimientos del volcán. Es capaz de detectar si el magma se eleva aunque sea tan sólo unos escasos centímetros. Y puede trazar mapas de los ríos de lava, de barro y de las nubes de ceniza y dióxido de azufre.

2 Ordenador. Conecta con el satélite para hacer lo que llamamos mapas de proyección, para prever por ejemplo, el curso que podría recorrer el río de lava si el volcán entrase en erupción. En 1992-3 los ordenadores se utilizaron en el Etna para pronosticar el curso de los ríos de lava. Los vulcanólogos no pudieron detener las riadas, pero les dio tiempo a construir un dique que las retuviera.

3 Inclinómetro. Es un tubo largo que se llena de agua y se utiliza para medir los movimientos de la tierra a nivel del suelo. Su exactitud es milimétrica.

4 Rayo láser. Hace lo mismo que el inclinómetro, pero funciona electrónicamente.

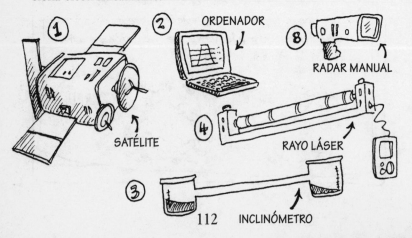

ORDENADOR

RADAR MANUAL

SATÉLITE

RAYO LÁSER

112 INCLINÓMETRO

5 Sismógrafo. Mide la intensidad de los terremotos y puede detectar las ondas sísmicas de los movimientos de las entrañas de la Tierra que indican que el magma está subiendo.

6 Un robot llamado Dante II. Este pequeñajo es ideal para recoger muestras de gas, tomar la temperatura y hacernos la vida un poco más fácil a nosotros, sobre todo en las partes del volcán donde ni siquiera los vulcanólogos se atreven. Va armado también de cámaras de vídeo para que podamos ver exactamente lo que está pasando. Dante II fue diseñado para explorar otros planetas, pero resultó tan útil en la Tierra que nunca la abandonó.

7 Pirómetro. Es una especie de termómetro para la lava. Le toma la temperatura desde una distancia segura. También puedes utilizar un termopar (termómetro eléctrico).

8 Radar manual. Para medir la velocidad de la lava. ¡Originalmente se empleaba para atrapar a los motoristas que rebasaban el límite de velocidad!

9 Toma muestras de gas. Es como una botella con un tubo de plástico que se mete en las fumarolas. Un volcán en erupción puede lanzar 100.000 toneladas de dióxido de azufre al día. ¡Y tú puedes guardarlo en el bolsillo!

10 Varilla. Una vara larga de metal para recoger lava derretida. Se introduce en ella, se hace girar y se retira.

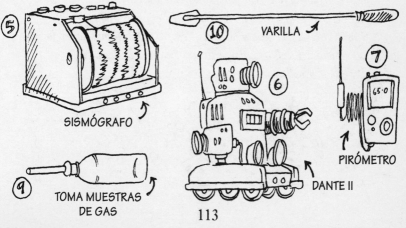

SISMÓGRAFO

VARILLA

PIRÓMETRO

DANTE II

TOMA MUESTRAS
DE GAS

113

Fabrica tu propio volcán

Si no tienes ningún volcán cerca, ¿por qué no fabricas uno por tu cuenta? Es lo que hicieron para la filmación de la película *El Pico Dante*. El film cuenta la historia de un volcán (imaginario) activo en las montañas Cascade que está a punto de entrar en erupción. Para filmar la película, se construyó un modelo de 10 m de altura, de madera y acero, con ruedas, y cada vez que lo necesitaban para una escena lo sacaban del estudio. ¡Con humo, ceniza y lava generadas por ordenador!

Dato escalofriante

En 1996, los vulcanólogos de Italia hicieron que el Vesubio entrara en erupción. ¿Por qué te preguntarás? Dijeron que querían ver lo que ocurría. Excavaron 14 agujeros en el costado de la cima y dejaron caer dentro grandes cantidades de explosivos que fueron explosionados desde un barco en la bahía. ¡PUM! Al grabar las increíbles ondas expansivas, los científicos pudieron ver lo que ocurría dentro. «Queríamos saber lo que haría el Vesubio si despertara», dijo uno de los científicos. ¡Jo que brutos!

La tragedia del Galeras

Los volcanes son un poco como las personas: cuando crees que las conoces bien, te salen con algo inesperado.

Especialmente los volcanes violentos suelen ser impredecibles. Cuando crees haberles tomado la medida, pueden estallar en tus mismas narices. Varios vulcanólogos mueren cada año cuando los volcanes que están estudiando entran en erupción sin avisar. Es un trabajo muy arriesgado. Toma como ejemplo los trágicos acontecimientos del Galeras.

El 14 de enero de 1993, el volcán Galeras de Colombia se convirtió en una montaña asesina. Un volcán como el Galeras estaba siendo examinado por un equipo de vulcanólogos bajo la dirección de un científico norteamericano, el profesor Stan Williams. Había llevado a su equipo hasta el cráter para recoger muestras de gas. Hasta aquí, bien. El volcán era activo, pero no había dado muestras de vida durante seis meses o más. Por consiguiente, tenía que ser seguro. O bastante seguro. Pero ocurrió lo inesperado. Sin previo aviso, la tierra comenzó a rugir y a temblar, y antes de que el equipo pudiera ponerse a salvo, el violento Galeras hizo explosión. Haciendo un esfuerzo desesperado por salvarse, el profesor Williams echó a correr bajo una lluvia de rocas tan grandes como televisores. No llegó muy lejos. Una roca le partió el cráneo y la mandíbula. Otra le aplastó ambas piernas. Sus ropas y su mochila se incendiaron. Lenta y penosamente se arrastró hasta un peñasco detrás del cual se refugió. Quince minutos después, la erupción cesó tan de improviso como había comenzado, pero transcurrieron dos horas más hasta que el profesor fue encontrado medio muerto y puesto a salvo. A pesar de sus terribles lesiones, sobrevivió a la tragedia. También sobrevivieron tres de sus colegas. Pero seis vulcanólogos y tres turistas perdieron la vida por el repentino y salvaje ataque de ira del Galeras.

El profesor Williams tuvo que soportar meses de hospital, pero al fin se recuperó lo suficiente para visitar de nuevo el cráter del Galeras.

Algunos datos escalofriantes del Galeras

1 El Galeras tiene 4270 m de altitud y se alza a sólo 6 km de la concurrida ciudad de Pasto, al suroeste de Colombia. Pasto es el hogar de 300.000 personas...

2 ... que corren un grave peligro si el volcán entra en erupción, principalmente por las nubes piroclásticas. Por esta razón, el Galeras fue catalogado como uno de los 15 volcanes más violentos del mundo. Era preciso observarlo.

3 El Galeras permaneció dormido hasta 1988 cuando entró en erupción de repente. Ahora está clasificado como volcán activo.

4 Desde entonces, los vulcanólogos no le han quitado el ojo de encima. Ha sido construido un nuevo observatorio para que los científicos puedan dar la alarma y Pasto pueda ser evacuado de inmediato.

5 Antes de la explosión, hubo algunos seísmos de poca importancia que no preocuparon a nadie. Dos inclinómetros indicaron que la ladera del volcán no había experimentado ningún cambio. Una fumarola se había ido enfriando, no calentando, y no había el menor rastro de gas, pruebas evidentes de que no había nada que temer. Pero con los volcanes nunca se sabe.

6 Se aprendió otra lección por la vía difícil. Sólo uno del grupo vestía equipo protector y salvó la vida. Desde entonces los vulcanólogos van mejor preparados.

7 Los vulcanólogos que murieron en la tragedia formaban parte de un seminario internacional para estudiar la ceniza, rocas y restos de erupciones anteriores. Estaban totalmente entregados a un trabajo por el que pagaron con sus vidas.

Salvando vidas y falsas alarmas

Si los vulcanólogos no estuvieran dispuestos a arriesgar la vida, los desastres podrían ser incluso peores. El estudio de los volcanes, puede salvar vidas. Cuanto más sepan los científicos de los volcanes, antes podrán advertir del peligro. Si sospechan que un volcán está despertando, pueden dar la orden de evacuar inmediatamente. Cualquier retraso podría costar vidas. Parece sencillo, pero no lo es, ya que algunas personas no quieren escuchar las advertencias de los científicos.

Luego está la cuestión de acertar. Incluso con la tecnología más avanzada, los científicos no aciertan siempre. A veces se trata de una falsa alarma, pero es mejor asegurarse primero que lamentarlo después.

TIENES 20 SEGUNDOS PARA RECOGER TUS COSAS, DESPEDIRTE DE TU CASA, AVISAR AL LECHERO, COGER EL GATO Y LLEGAR A SALVO AL REFUGIO. ¡GRACIAS!

Errores

Las cosas no salen siempre como se espera. Cuando el Nevado del Ruiz, en Colombia, entró en erupción en noviembre de 1985, una avalancha letal destruyó por completo la cercana ciudad de Armero. Casi 25.000 personas murieron mientras olas de barro de 40 m de altura barrían Armero. Diez mil más perdieron sus casas y, aunque sólo fue una erupción diez veces menor en violencia que la del Saint Helens, fue el mayor desastre volcánico del siglo, seguido sólo por el Pelée en víctimas humanas. (Unas 29.000 personas murieron cuando el Pelée entró en erupción). Sin embargo, la tragedia pudo haberse evitado ya que los científicos avisaron al gobierno de lo que se avecinaba, pero no les tomaron en serio. Declararon que no quisieron correr el riesgo de que se tratase de una falsa alarma. La erupción comenzó a las tres de la tarde del 13 de noviembre. Por la noche, a pesar de que se reunió un comité de emergencia, no se preparó ningún plan de evacuación. Cuando se hizo era ya demasiado tarde. A las 9 de la noche, el Nevado del Ruiz comenzaba a vomitar nubes piroclásticas que derritieron parte de su casquete de hielo. Una avalancha letal de agua y ceniza descendió ladera abajo a una velocidad de 40 km/hora. Dos horas más tarde llegó a Armero. Era demasiado tarde para que nadie pudiera huir.

Aciertos

Por eso los aciertos son mucho más gratificantes. Cuando el monte Pinatubo de las Filipinas entró en erupción violentamente en 1991, los científicos supieron cómo salvar miles de vidas. Fue una de las mayores erupciones del siglo XX y ocurrió de repente. Nadie recordaba que el volcán hubiese dado señales de vida. Cenizas, ascuas y nubes piroclásticas asolaron todo el campo que le rodeaba. Decenas de miles de personas vivían cerca del volcán. Murieron más de mil personas y un millón perdieron sus casas y sus medios de vida. Pero lo creas o no, pudo haber sido peor, muchísimo peor. Los científicos actuaron con rapidez. A la primera señal de alarma, evacuaron a todos los que vivían a 10 km de la cima. Después, utilizando una red de sismógrafos portátiles, controlaron el volcán día y noche, y trazaron con suma rapidez un mapa aproximado de las posibles zonas peligrosas. Esta vez las autoridades y el público siguieron el aviso de los científicos de que el Pinatubo estaba a punto de estallar. Se pasó un vídeo explicando los peligros, pero sin emplear aburridos términos técnicos. Gracias a que la gente sabía lo que debía hacer, el vídeo salvó miles de vidas. Incluso así escaparon por los pelos. El 12 de junio, la zona de evacuación se había extendido hasta los 30 km y 35.000 personas se vieron obligadas a huir de sus casas. Justo a tiempo. Tres días después, el 15 de junio a las seis de la tarde, el Pinatubo explotó. La erupción provocó una nube de 12 km que se extendió alrededor del volcán. Nubes piroclásticas serpentearon durante 16 km desde la cima. Los ríos de lava cubrieron la campiña, pero por lo menos los vulcanólogos habían acertado.

Incluso así, no hay que atribuirles todo el mérito. De hecho, la primera pista que tuvieron los científicos de que el Pinatubo empezaba a moverse se la dio una monja que pasaba por allí. Entró en el Instituto Filipino de Vulcanología y dijo a los asombrados científicos que el volcán echaba humo. ¡Y tenía razón!

¡A PROPÓSITO, EL VOLCÁN ESTÁ FUMANDO!

Hoy en día, cada vez es más fácil predecir la actividad de los volcanes, pero todavía no es una ciencia exacta. Los volcanes violentos son muy misteriosos y cambian constantemente. Son un auténtico quebradero de cabeza para los científicos. ¿Está el volcán a punto de entrar en erupción o no? ¿Se ha de ordenar la evacuación o no? ¿Y si el volcán les está engañando? Y muchas, muchas más preguntas fastidiosas. Y aunque seas capaz de predecir una erupción, no hay nada que pueda impedirla. Nada en absoluto.

Te guste o no, los volcanes violentos están ahí. Hemos de aprender a convivir con ellos. Y todo tiene su lado bueno. ¿No es verdad? Incluso los volcanes violentos. De acuerdo, no te gustaría tener uno en tu jardín (como el pobre granjero Pulido, el de Paricutín), pero tienen su utilidad:

¿PARA TOSTAR PAN?   ¿PARA CALENTAR TU ROPA POR LA MAÑANA?   ¿PARA COCER HUEVOS?

Aquí tienes algunas cosas de las que carecerías si no hubieran volcanes violentos.

Sin volcanes violentos, te quedarías sin:

1 Los océanos. Lo creas o no, fueron los volcanes violentos los que crearon los mares y océanos. Para averiguar cómo, necesitas retroceder 4600 millones de años, hasta los primeros días de la Tierra. Las cosas entonces eran muy distintas. Nuestro planeta recién estrenado estaba plagado de miles de volcanes que nunca dormían y lanzaban chorros de vapor de agua, un gas vaporizado que, al enfriarse, formaba nubes de tormenta cargadas de lluvia. Esa lluvia caía y formaba los océanos. El agua también brotaba del subsuelo. Sin embargo, los océanos no eran salados como los de ahora, sino hirvientes, ácidos y llenos de sustancias químicas coloreadas. No precisamente el lugar ideal para unas vacaciones.

2   La asombrosa atmósfera. La Tierra primitiva era un lugar inhóspito. En primer lugar, no había atmósfera. Los volcanes violentos cambiaron todo esto. Durante millones de años, vomitaron gases, en su mayoría vapor de agua, dióxido de carbono incoloro y el maloliente dióxido de azufre.

No era una atmósfera como la que tenemos hoy. En primer lugar, no era respirable porque carecía de oxígeno. (Esto tuvo que esperar a que llegaran las plantas. Sueltan oxígeno mientras se alimentan, pero ésa es otra historia.) No obstante era mejor que nada.

3   La propia vida. Es lo más útil que puedes obtener de ellos. A decir verdad, los volcanes no crearon la vida, pero sí las condiciones adecuadas para ella. Se cree que la vida comenzó en los océanos primitivos. Los primeros seres vivos fueron bacterias diminutas que crecieron hace unos 3200 millones de años. ¿Cómo lo sabemos? Los científicos han encontrado fósiles de algunas de ellas en rocas antiguas. No necesitaban oxígeno para vivir (como tampoco lo había, daba lo mismo). Por el contrario absorbían sustancias químicas de los mares calientes y densos, en especial nitrógeno y azufre procedentes de los volcanes violentos. Un científico alemán que dedicó su existencia al estudio de la vida salvaje afirma que sus descendientes siguen viviendo y bien. Se desarrollan junto a los ríos de lava caliente y chimeneas volcánicas en el fondo marino. También viven en pozos de petróleo, arroyos sulfurosos y montones de basura. ¡Con tal de que sea algo caliente, humeante y apestoso se sienten en la gloria!

4 Montañas gigantescas. Algunas de las montañas más grandes de la Tierra lo son gracias a los violentos volcanes. Tomemos por ejemplo la cordillera de los Andes. Se extiende por más de 7000 km a lo largo de la costa oeste de América del Sur, la cordillera más larga del mundo. Está situada donde una placa (la que está debajo del océano Pacífico) se mete debajo de otra (sobre la que se asienta América del Sur). Cuando la placa inferior se va hundiendo, se calienta mucho y empieza a derretirse. Luego el magma fundido se eleva, sale a través de la placa superior y origina volcanes violentos.

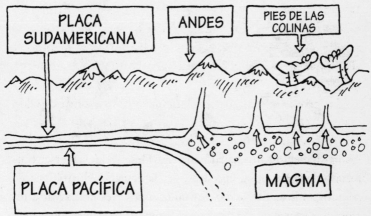

5 Islas llameantes. Muchas islas en realidad son volcanes: Islandia, Hawai, Tristán de Acuña y las Galápagos, para nombrar unas pocas. Son las cimas de volcanes sumergidos, que han ido creciendo lo suficiente para asomar la cabeza por encima del agua. En el mar hay miles de volcanes y todos por lo menos tienen 1 km de altura. Se han ido formando durante millones de años a medida que la lava ha ido trepando a través de la grieta. Y todavía siguen creciendo, como lo demuestra esta historia:

Feliz cumpleaños, Surtsey

Nadie ha visto nunca crecer una isla volcánica. Es decir, hasta noviembre de 1963. Cuando una mañana temprano, unos pescadores, que faenaban ante la costa de Islandia, se llevaron la mayor sorpresa de su vida. Ante sus ojos, el mar comenzó a humear y a desprender vapor, silbando como una cafetera. Al principio, los pescadores pensaron que se había incendiado una barca, pero al aproximarse vieron que era el mar el que hervía y burbujeaba. ¡Un volcán violento emergía en busca de aire!

Al día siguiente había nacido una isla. Después de haberse recuperado de la sorpresa, los islandeses la llamaron Surtsey, como su antiguo dios del fuego. Cuando dejó de estar activo, unos 18 meses más tarde, Surtsey medía unos 2500 m², como cien campos de fútbol. Era desnuda y negra, aunque no por mucho tiempo. A los pocos meses, empezaron a crecer las primeras plantas de las semillas que transportaban los pájaros o el viento. Siguieron más semillas y más pájaros. Cuatro años después la isla prosperaba.

Sobre un punto caliente del Pacífico, no lejos de Hawai, empieza a crecer una nueva isla. Se llama Loihi y tiene ya 2700 m de altura. Sólo le faltan 1000 m más para asomar la cabeza fuera del agua. Hawai es en realidad una cadena de 100 volcanes. Algunos han vuelto a sumergirse bajo las olas. La pequeña Loihi será la más joven de la familia (sus edades oscilan desde 80 millones de años a tan sólo un millón). Los científicos están muy excitados y observan muy de cerca a Loihi, enviando cámaras y submarinos. Les aguarda una larga espera. Transcurrirán por lo menos otros 60.000 años antes de que Loihi asome su fiera cabeza por encima de las olas movidas por el viento.

Y hay algo más escondido debajo de esas olas: la parte de Hawai que no es volcánica.

6   Los corales. Un atolón es una pequeña isla de coral en forma de anillo que se levanta alrededor de una profunda laguna azul. Los encontrarás en los cálidos mares tropicales. ¡Son preciosos! ¿Pero qué tienen que ver con los volcanes? Aquí lo tienes:

a) UNA ISLA VOLCÁNIICA ASOMA EN EL MAR.

b) UN ARRECIFE DE CORAL CRECE ALREDEDOR DE LA ISLA.

c) LUEGO, LENTAMENTE, EL VOLCÁN EMPIEZA A HUNDIRSE...

d) ... DEJANDO TRAS DE SÍ EL ARRECIFE.

El primero en descubrirlo fue el genial científico británico Charles Darwin (1809-1892). (Darwin se hizo famoso por descubrir que los horribles humanos descendemos de los simios. Por aquel entonces, era sólo una teoría.) Unos cien años más tarde, un equipo de científicos estaba estudiando los efectos de una prueba de una bomba atómica en el atolón Bikini en el Pacífico. Hicieron algunos agujeros en el atolón y vieron que el coral descansaba sobre la roca volcánica. Darwin tenía razón.

... Y YO DIJE QUE EL CORAL SE ASENTABA ENCIMA, Y ELLOS DIJERON: ¿ESTÁS SEGURO? Y YO LES DIJE...

¡BOSTEZO!

7   Famosos monumentos naturales. Los monumentos naturales más famosos son volcánicos. Por ejemplo, La Calzada de los Gigantes, en Irlanda del Norte. Constituye un vasto muelle natural formado por 40.000 columnas de basalto producidos cuando se enfrió un volcán hace millones de años. (Hoy en día en Irlanda no hay volcanes activos.) Se trata de un adoquinado gigantesco desgastado por el mar. Se extiende por 13 km a lo largo de la costa. La leyenda dice que una vez fue el camino por donde pasaban los gigantes cuando visitaban Escocia.

¡AYYYYY!

¡ME PARECE QUE HA DADO UN PASO DE GIGANTE!

¿Un futuro violento?

Los violentos volcanes llevan aquí muchísimo tiempo. Y no se van a marchar. De modo que ¿qué futuro le espera a la Tierra?

Volcanes peligrosos

En el presente, los científicos controlan muy de cerca unos 100 de los 550 volcanes activos en tierra. Otros 300 necesitan observación intensiva. Pero, sobre todo, 15 de los 100 que se controlan han sido elegidos para un estudio especial. Son los picos más temibles del mundo y a los que hay que vigilar con más urgencia. Es posible que hayas oído hablar de ellos:

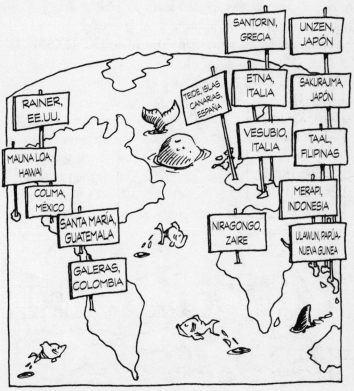

El mundo moderno no ha experimentado jamás una auténtica y masiva erupción volcánica. La última IEV 8 (ver págs.43-44) fue hace 75.000 años. Pero pueden haber otras pronto. Los geógrafos reconocen que hay dos erupciones IEV 8 cada 100.000 años. Algunos advierten que una «de las gordas» está ya en camino. Y no será un espectáculo muy agradable. Las nubes de ceniza de una auténtica explosión GRANDE podrían bloquear el sol eternamente. Sin sol no hay plantas y, sin plantas, NO HAY ALIMENTOS. Ahora viene la terrible pregunta: ¿Deberíamos preocuparnos? ¿Estamos viviendo de prestado? ¿Y si la Gran Explosión ocurriera pronto? Antes de que empieces a construir tu refugio antivolcanes, no olvides que «pronto», para un científico, no significa hoy, ni mañana, ni la semana que viene: lo más probable es que se refieran a dentro de unos 125.000 años.